인문학적 신학을 찾아서

한국 교회, 인문주의에서 배운다

양명수 지음

kmc

"나의 스승 장기천 목사님께 바칩니다."

들어가는 말

종교는 인문주의와 함께 가야 한다. 그렇지 않으면 신앙은 힘에 대한 숭배가 되기 십상이다. 한국 교회는 인문주의적인 토대가 약하다. 심지어 인문주의를 배척하는 경향마저 있는 실정이다. 그 결과 자기반성을 하지 못하고, 단순하고 똑같은 언어만 반복하면서 사람을 위협한다. 물론 신앙과 인문주의 사이에는 거리가 있게 마련이다. 그러나 한국 교회가 인간의 정신세계에 이바지하는 보편적 진리를 담고 있지 못하면, 화려한 겉모습은 껍데기에 불과하고, 결국 무너지고 사라질 것이다.

한국 기독교인들의 힘 숭배는, 지난 세월 우리 민족이 겪은 식민지배와 6·25 전쟁에서 생긴 트라우마일 수도 있다. 20세기의 한국인들은 힘이 없으면 살아남기 어렵다는 것을 뼈저리게 체험했다. 그런 상처의 덕으로 한국인들은 자신을 보호할 전능한 신을 바라고 두려워하며, 교회는 아직도 세력을 유지하고 있는지 모른다. 그러나 사회가 안정되어 갈수록 힘 숭배의 종교는 힘을 잃을 것이다. 힘을 숭배하는 신앙은 도덕성이 떨어지기 때문이다. 그런 신앙의 신은 모든 성공을 보장하고 정당화해 주는 존재가 된다. 사도 바울은 믿음으로 의롭게 된다고 외치며 성공신화를 비신화화하려고 했는데, 한국 교회는 인간의 성공 욕망을 하나님의 이름으로 부추겨서 결국 성공으로 의롭게 되는 교리를 만들고 있다. 이것은 한국 교회가 미신적 종교로 전락했음을 의미한다. 미신(迷信)이란, 참된 믿음을 혼미하게 하는 종교라는 말이다.

기독교 초기의 교부들은 기독교가 미신이 아님을 강조했다. 미신이 세속적인 힘의 종교라면, 기독교는 초월적이면서 선한 신에 대한 믿음을 내세웠다. 물론 기독교의 하나님은 전능한 존재이지만, 힘의 개념과 선(善)의 개념이 충돌하는 신정론의 역사에서 기독교는 선하신 사랑의 하나님을 옹호했다. 유대교에서 기독교로 넘어온 현상도 신(神) 개념의 중심이 전능에서 사랑으로 이동한 것이라 할 수 있다. 무능해 보이는 십자가의 예수를 하나님으로 믿을 수 있었던 것은, 기독교의 신(神) 개념에서 전능보다 선(善)이 차지하는 비중이 더 높았기 때문이다.

그 결과 기독교의 종교성에는 인문주의적 문제의식이 처음부터 들어 있었다. 인문주의적 문제의식이란, 인간의 주체의식과 도덕적 책임의식을 가리킨다. 플라톤과 공맹은 모두 종교를 윤리로 바꾸려고 했던 사람들이다. 그들은 인간의 선한 양심의 힘으로 세상을 바로 세울 수 있다고 믿었다. 패권주의보다는 마음의 덕으로 세상을 구원해야 하고, 그렇게 할 수 있다고 믿었다. 그래서 마음의 변화와 자기 수양을 강조했다. 근대에는 칸트가 종교를 윤리로 바꾸려고 한 대표적인 인문주의자이다.

물론 기독교 신앙은 인문주의와는 출발과 끝이 다르다. 희망의 근거가 다르다. 그러나 인문주의와 별개가 아니라 인문주의를 품고 있다. 초대 교회의 교부들은 인문주의의 사고방식을 잘 알고 있었고, 인문주의를 존중했다. 아우구스티누스는 플라톤 철학의 언어를 많이 가져왔고, 중세의 아퀴나스는 아리스토텔레스 철학을 많이 가져왔다. 진리를 사유하는 방식의 상당 부분을 인문주의에서 가져왔다. 두 사람이 개신교와 가톨릭을 대표하는 신학자임을 생각한다면, 기독교 신앙은 인문주의를 품고 있다고 할 수 있다. 또는 기독교가 언제나 인문주의를 대화의 상대요 동반자로 삼았음을 알려준다. 종교 개혁자인 루터와 칼뱅도 당시의 인문주의를 잘 알고 있었고, 그 영향을 받았던 사람들이다.

기독교인들이 꼭 철학을 알아야 한다는 말은 아니다. 그러나 적어도 기독교 신앙 안에는 보편적 진리와 자기 수양에 대한 고민이 반영되어 있어야 한다. 고민 안 해도 될 만큼 삶과 역사가 그렇게 간단하지가 않다. 초대 교회로부터 중세를 거쳐 근대와 현대에 이르기까지 끊임없이 새로운 신학이 나온 까닭은, 인문주의와 사회과학의 문제의식을 신앙의 문제로 생각했기 때문이다. 적어도 설교자들의 설교에는 그런 고민이 반영되어 있어야 한다고 나는 생각한다. 설교를 어렵게 해야 한다는 말이 아니라, 쉬운 말이라도 그 속에 역사의 모호성에 대한 고민과 자기 수양의 언어가 들어 있어야 한다는 말이다. 그래야 복음이 말하는 해방의 기쁜 소식은 그 가벼움과 추상성에서 벗어나고, 우리 사회에 의미 있는 정신을 제공할 것이다.

이 책은 2년 정도 〈기독교세계〉에 연재했던 글을 보완하고 다듬어 모은 것이다. 인문주의의 물음을 가지고 기독교 신앙을 조명한 글이다. 인문주의의 문제의식이 반영될 때 신과 신앙을 어떻게 말할 수 있는지를 살펴보았다고 할 수 있다. 제1부는 죄와 신앙과 구원에 관한 문제를 다루었고, 제2부는 그리스도론에 관한 문제이고 제3부는 신론과 성령론을 다루었다. 그리고 제4부는 기독교 윤리를 다루었고, 제5부는 교회론과 관련되어 있다.

책으로 나오도록 용기를 준 감리회 본부 출판국(도서출판 kmc)에 고마움을 표하고 싶다.

2014년 3월

한뫼재에서 양명수

3

4

5

기독교 신앙과 의롭고 양심적인 삶은 동전의 양면과 같다고 해야 할 것이다. 기독교는 신앙에서 바른 삶이 나온다고 본다. 반면에 칸트는 바른 삶에서 신앙이 생긴다고 본다. … 칸트의 이야기가 기독교 신앙을 모두 설명하지는 못한다. 그러나 칸트의 사상에는 바른 신앙을 갖는 데 필요한 중요한 가르침들이 들어 있다. **믿음이 행함을 낳지만, 바른 행함이 참된 믿음을 낳기도 한다.** 오늘날 교회에서 신앙은 의롭게 살거나 참 자아를 찾아가는 문제와는 별개가 된 것 같다. 그렇게 되면 신앙은 인간 사회의 일반적 신뢰를 감소시키는 결과를 가져올 수도 있다. 하나님을 믿는 사람은 사회에서도 믿음직한 사람이 되어야 할 것이다. 교회는 윤리를 선포하는 곳은 아니지만 결과적으로 윤리적 효과를 일으키는 곳이 되어야 할 것이다. 신앙의 목표가 도덕성은 아니지만 **도덕성은 신앙의 중요한 부산물로서, 신앙이 있는지를 판단하는 데 중요한 지표역할을 한다.**

1

두 번의
정신 혁명과
교회

인간의 사상사에는 두 번의 큰 혁명이 있었다고 할 수 있다. 한 번은 2,500년 전 동서양에서 일어난 인문주의다. 그리고 다른 하나는 르네상스 이후 17~18세기에 서구에서 일어난 근대화 운동이라고 할 수 있다. BC. 5~6세기의 인문주의자들은 그동안 섬겨왔던 신에 대한 반성과 함께 인간의 영원한 도덕적 이상을 설정했다. 그들은 인간이 자신의 욕망을 이기고 세속적 욕심을 버림으로 자유를 찾도록 가르침을 베풀었고, 남에게 봉사하고 만물을 사랑하는 높은 정신을 인생의 목적으로 제시했다. 17~18세기의 근대화 운동 역시 종교에 대한 반성으로 시작되었는데, 이천 년 가까이 서구 사회를 지배했던 기독교에 대한 반성이었다. 근대화 정신은 자본주의와 연결되어 인간의 욕망을 해방했으며, 이기심을 나쁘게 보지 않고, 자기실현을 중시하였다. 자본주의에서 요구하는 도덕성은 그렇게 높지 않고, 다만 경쟁자를 적대시하지 않고 공정한 게임을 할 것을 요구하는 정도의 도덕성이다. 두 번의 혁명을 통해 이룩한 두 가지 도덕성은 인간의 두 가지 진리라고 할 수 있다. 하나는 높은 도덕성이고 다른 하나는 낮은 도덕성이며, 높은 도덕성은 고등종교와 연결될 가능성이 많고, 낮은 도덕성은 근대의 탈종교적 진리이다.

2

먼저 2,500년 전의 혁명을 보자. BC. 4~5세기 사람인 플라톤이 쓴 「국가」라는 책에는 헤시오도스와 호머가 남긴 신들의 이야기를 비판하는 대목이 나온다. BC. 8세기 사람인 호메로스는 「일리아스」와 「오디세이아」라는 책을 남기고, 헤시오도스는 「신통기」라는 책을 남겨 오늘날까지 서양 문화의 상상력의 근원이 되는 많은 신화를 남겼다. 그런데 그 신화에 나오는 신들은 서로 사랑하고 질투하고 속이기도 하고 폭력적이고 엄청난 전쟁을 치르기도 한다. 올림푸스의 주신인 제우스만 하더라도, 그는 자기 아버지 크로노스(시간의 신)를 살해한 후에 왕이 되었다. 크로노스 역시 이미 자기 아버지 우라노스를 죽인 후에 왕이 되었던 인물이다. 하늘의 신인 우라노스는 아이들이 세상에 나오는 것을 싫어해서 아내인 땅의 신 가이아의 자궁 속에 아이들을 가두어 두었는데, 고통을 참다못한 가이아가 아들 크로노스를 시켜 우라노스를 죽이게 한다. 그렇게 2대 주신(主神)이 된 크로노스 역시 자식들이 자기 자리를 빼앗을까 두려워 아이를 낳는 대로 족족 삼켜버리는데, 레이아가 한 아이를 크레타 섬에 몰래 빼돌렸으니, 그 아이가 제우스이다. 제우스는 큰 다음에 크로노스에게 약을 먹여 그동안 삼켰던 아들딸을 토해 내게 해서 그들과 힘을 합해 아버지를 몰아내고 올림푸스의 주신이 된다.

플라톤은 「국가」에서 소크라테스의 입을 빌어 그런 신들을 비판한다. 권력을 두고 미움과 질투 속에서 폭력적으로 다투는 이야기를 아테네의 아이들에게 들려주면 교육적으로 안 좋다고 말이다. 그리고 신은 그처럼 폭력적이고 기만하고 질투하는 존재가 아니라, 올바르고 진실한 존재여야 한다는 결론을 내린다. 그리하여 신 이야기, 곧 테올로기아(Theologia)의 변화가 있어야 한다고 본다. 그것은 곧 신학(theology)의 변화를 말하는데, 플라톤 시대에 이르러 올바른 사회를 위해 새로운 신학이 탄생한 것을 의미한다.

이것은 인류의 정신사에서 대단한 종교 혁명이면서 정신 혁명이다. 플라톤은, 제물이나 좋아하고 옳고 그름도 없이 기도만 열심히 하면 그 사람의 소원을 들어주는 신들을 비판한다. 선하고 올바른 신은 제물을 원하기보다는 마음의 제물을 원한다. 인류의 역사에서 오랫동안 인간은 제사 의식에서 반드시 제물을 드려왔는데, 짐승이나 재산을 바치는 제물보다 선하고 의롭고 정직한 삶을 제물로 바치는 것을 신이 더 좋아한다는 것이다. 이것은 신에 대한 무조건적인 복종에서 벗어나, 종교 역시 인간의 자유와 선함과 의로운 세상을 위한 지지자로서의 기능을 하게 된 것을 의미한다. 그와 같은 신 이야기의 변화를 통해 플라톤은 이데아론을 중심으로 인문주의를 펼칠 수 있었다. 그는 제우스와 아테네를 비롯한 많은 신들에게 제사지내는 것의 의미를 격하하고, 결국 인간 속의 신성한 능력인 이성과 지성을 통해 진리를 추구하기를 권면했다.

인문주의의 출현과는 다른 맥락이지만, 그러한 종교관의 변화는 우리가 잘 알듯이 성서에도 나타나 있다. 예언서나 시편에 보면 하나님이 기름진 짐승제물보다 마음의 제물을 더 좋아한다는 구절들이 등장한다. 한편 예수께서는 예배의 규칙을 파격적으로 무시했고, 사도 바울은 누구나 자기 몸을 거룩한 산 제물로 바치라고 했다. 종교의 역사에서 인류는 오랫동안 공동체 구성원 중의 약한 사람을 희생제물로 바쳤고, 점차 바뀌면서 짐승을 제물로 바쳐 공동체의 평화를 유지했다. 말하자면 희생양을 잡아 공동체의 평화를 유지했던 것이다. 그런데 이제 짐승이나 다른 사람을 제물로 바치지 말고 자기 자신이 하나님께 바치는 희생물이 되라는 것이 사도 바울의 가르침이다. 화려하고 대단한 종교 의식보다 정직하고 겸손한 인간의 마음이 하나님이 더 좋아하는 제물이라는 것이다.

플라톤과 비슷한 시기에 중국에서도 종교의 변화가 있었다. BC. 6세기의 공자(BC. 551~479)는 귀신을 공경하되 멀리하라고 했는데, 이것은 동아시아가 자연신을 섬기던 이전의 풍습을 벗고 인간이 주체가 되는 인문주의로 들어가는 것을 의미한다. 그리고 맹자는 한발 더 나아가, 마음을 다하여 자기의 본성을 알면 그것이 곧 하늘을 아는 것이라고 함으로써, 종교적 제사에 힘을 쏟는 것에서 벗어나 도덕적 자기 수양의 시대를 열었다. 많은 신을 섬기던 브라만교를 벗어나 천상천하유아독존(天上天下唯我獨尊)을 내세운 불교의 개혁 역시 마찬가지다.

마음의 제물을 바치라는 종교관은 매우 높은 도덕성을 목표로 세운 것이다. 그것이 인문주의와 고등종교의 시작이다. 고등종교는 인문주의와 무관한 것이 아니라 인문주의의 이상을 실현할 방법을 신앙심에서 찾은 것이라고 할 수 있다. 높은 도덕성이란, 사람들이 세상을 향한 욕심을 버리고 자기를 비워 하늘의 뜻을 따르며, 그런 초연하고 덜 세속적인 자세를 가지고 자기를 다스리고 남에게 선을 베풀며 살기를 바란 것이다. 그런 이타주의를 반영한 것으로 동서양을 막론하고 황금률이라는 것이 있는데, 그것은 "남이 너에게 해주기를 바라는 대로 먼저 남에게 해주어라"라는 계명이다. 또는 "네 이웃을 네 몸과 같이 사랑하라"고 하는 계명도 있다. 이런 계명은 아주 큰 도덕적 이상을 반영하는데, 그런 계명이 인간의 마음에 새겨진 것은, 2,500년 전 동서양에서 종교관과 신학의 변화가 생기면서 일어난 일이다. 이 두 계명은 성서에만 있는 것이 아니라 춘추전국 시대의 공자와 묵자도 같은 구절로 인(仁)과 사랑을 인간의 도리로 설파했다. 아직도 서양은 플라톤과 성서를 읽고, 동양은 공자 맹자와 불경을 연구하는 것을 보면, BC. 5~6세기에 이미 인류가 도달할 높은 도덕성의 목표는 세워졌다고 할 수 있다. 그 이후의 시간은 어떻게 하면 그런 이상을 실천할 수 있는지 생각하고 고민하며 산 역사라고 할 수 있다.

3

　　두 번째 혁명은 17~18세기에 서구에서 일어난 계몽주의 또는 근대화 운동이라고 할 수 있다. 그것은 중세까지 서구를 지배한 기독교에 대한 도전으로 생긴 것이다. 다시 한 번 종교의 변화를 통해 현대적 인문주의의 기틀을 세우려고 한 것이다. 물론 종교 개혁도 대단한 신학의 변화이고, 서구의 계몽주의를 향한 디딤돌 역할을 했다고 할 수 있다. 그러나 루터가 높은 도덕성을 일상생활에서도 요구한 데 비해, 근대 사상가들은 기독교가 말하는 높은 도덕성을 거부함으로써 종교에서 벗어나고자 했다. 16세기의 마키아벨리는 교회가 사랑이라는 말을 너무 남발해서 결과적으로 더 잔인한 역사의 주인공이 되었다고 비판했다. 그의 「군주론」은 높은 도덕적 가르침을 거부하고, 인간이 실제로 어떻게 살고 있는지를 바탕으로 정치를 말한 것이다. 신학에 종속되어 있던 정치학이 사회 '과학'으로 떨어져 나갈 기반을 마련한 것이다. 18세기 자본주의 사상가 아담 스미스는 「도덕 감정론」에서 교회의 가르침인 이타주의(利他主義)를 거부했다. 남을 위해서 살라고 하는 것, 희생하면서 살라는 것, 이웃을 내 몸과 같이 사랑하라는 계명은 인간에게 자연스럽지 않기 때문에 일상생활의 원리가 될 수 없다고 보았다. 그는 자기를 위해서 사는 것을 나쁘게 보지 않았다.

오랫동안 인간은 도덕적 이상을 구현하기 위해 자기 내면에서 싸우고, 남을 사랑하지 못하는 자신을 죄인으로 여겨야 했는데, 이제 자본주의 윤리는 그런 죄의식을 버렸다. 그리고 이기심은 나쁜 것이 아니라고 봄으로써, 이기심을 부도덕으로부터 해방시켰다. 자기를 위해서 사는 것이 나쁜 것이 아니라, 남을 해치는 것이 나쁘다는 것이다. 정말 자기를 위하면 어느 정도 남도 배려하게 되는데, 도덕성의 요구는 거기까지다. 자기를 위해서 남을 배려하는 것의 기본은 거래를 정직하고 공정하게 하는 것이다. 남을 위해 희생하는 행위를 표준으로 삼지 않았다. 이득을 구하기 위해 경쟁하고 거래하되, 그 거래와 게임의 과정을 공정하게 치를 줄 알고 승패에 복종하는 것, 그것이 자본주의가 말한 도덕성이다. 거기에 따르는 덕목이 정직과 관용이다. 높은 자리나 물질을 놓고 거래하고 경쟁하는 데에는 사랑이 필요한 것이 아니라, 정직이 가장 기본적인 덕목이다. 자본주의 질서는 자기의 이득을 위해 열심을 내는 것을 비난하지 않고, 다만 이해관계가 충돌하거나 경쟁이 벌어졌을 때 그것을 정직하고 공정하게 처리할 줄 아는 것을 요구했다. 관용이란 남을 위해 한없이 희생하는 것이 아니라, 자기와 다른 것을 용납하는 것이다. 자신의 선택이 중요하듯이 남의 선택도 존중하라는 것이다. 정직과 관용과 공정성은 물질을 놓고 다투는 인간의 일반적인 삶을 합리적으로 처리하기 위한 낮은 도덕성이요, 가장 기본적인 도덕성이다.

결국 근대 사상과 자본주의 질서는 도덕성의 출발을 영적인 데서 찾지 않고 물질을 놓고 경쟁하는 일상적 현실에서 찾으려고 했다. 그 이전의 플라톤이나 고등종교의 가르침에서는 가능하면 물질을 놓고 경쟁하지 말 것을 권면했다. 높은 자리를 위해서 또는 세속적인 자기실현을 위해서 남과 경쟁하는 것은 궁극적으로 초월해야 하는 것이었다. 기독교는 세상 자리와 재물에 너무 집착하지 말고 하늘나라에 소망을 두라고 설교했다. 그러나 이제 자본주의 윤리는, 물질의 부유함과 사회적 지위가 인간이 변함없이 바라는 욕망의 대상인 것을 인정하고, 그것을 향해 각자 나가되 다만 거기서 생기는 경쟁에서 비겁한 수단을 쓰지 말라는 것이다. 그것이, 이웃을 네 몸 같이 사랑하라는 가르침보다 인간의 현실을 평화롭게 만드는 데 더 중요하고 기본이 되는 윤리라고 본 것이다. 우리는 서구 사회에서 정직과 페어플레이를 매우 중시하는 것을 안다. 그것은 기독교 정신에서 온 것이 아니라 자본주의의 합리적이고 세속적인 윤리에서 온 것이다. 토마스 제퍼슨이나 프랭클린이나 존 아담스 같은 미국의 건국의 아버지들은 그런 자본

주의 윤리의 대가였다. 그들은 이웃을 사랑하라는 종교의 높은 도덕성보다
는, 열심히 살고 정직하게 돈 버는 것을 미덕으로 생각한 자본주의 정신에
바탕을 두고 미국의 기틀을 마련한 사람들이다.

4

종교는 순종이나 희생과 사랑 같은 높은 도덕성을 설교
해 왔다. 그러나 인간의 삶에서 기본은 자신의 욕망을 실현하기 위해 공정
한 방법으로 남과 경쟁할 줄 아는 낮은 도덕성이다. 높은 도덕성은 인류의
영원한 이념이지만, 남과 부딪히며 살아야 하는 인생사에서 기본은 낮은
도덕성이다. 누구나 남부럽지 않게 살고 싶고 누구나 남보다 잘되고 싶기
때문에 경쟁은 불가피하다. 종교인들이라고 예외가 아니다. 하나님 때문에
세상을 초월한 사람이 얼마나 되겠는가. 뿐만 아니라 기독교는 세상을 초
월하라고만 가르치지 않고 역사를 통해 이루어가는 인간의 문화적 진보도
중요시 여기는 종교이다. 그렇다면 교회에서도 사회에서도, 공동생활의 기
본은 희생이 아니라 공정성이다. 만일 교회에서 사랑을 강조한다면, 그 사
랑은 몫을 공정하게 나눌 줄 아는 정의의 차원을 무시하지 않는 것이어야
한다. 흔히 사랑이란 남을 위해 자기 몫을 포기하는 문제이지만, 공정하고
정당한 방식으로 각자에게 그의 몫을 돌릴 줄 아는 정의의 문제는 여전히
중요하다. 기본이 되는 정의의 문제를 빼놓고 사랑과 희생을 말하는 것은
위선을 키우는 일이다. 기본은 되어 있고, 그 이상으로 남을 생각하는 것이
사랑이다. 만일 기본이 되어 있지 않으면, 사랑의 가르침은 공허하고 위선
적이다. 또는 약자의 희생을 강요하는 결과를 낳을 수 있다. 사랑에서 정의

로 윤리의 중심을 옮긴 것이 또한 근대 윤리학이요, 자본주의 윤리이다.

종교 생활에 열심인 사람들이 도덕성과는 무관하다는 비난을 받는다. 은혜를 좋아하는 기독교인들이 반칙을 많이 쓴다는 이야기가 있다. 권위 있는 미국 학자들의 조사에 따르면 무신론자들이 기독교인보다 더 도덕적이라고 한다. 그런 통계가 나온 원인은, 무신론자들은 반성하기 때문이라고 한다. 그 이야기는, 기독교인들은 대체로 기도는 열심히 해도 자신에 대한 반성은 하지 않는다는 말이다. 은혜를 구하면서 욕심이 강화된다면, 근대의 탈종교적인 윤리보다도 못한 도덕성을 갖게 될 것이다. 그리고 그것을 하나님의 이름으로 정당화하며 무엇이 잘못된 것인지도 모를 것이다. 그런 의식을 가리켜 칼 마르크스는 허위의식이라고 했다. 자기 이득을 위해 일부러 잘못 아는 것이 허위의식이다. 인식 자체가 잘못되어 있으니 어떻게 반성이 가능하겠는가?

기독교는 이웃을 사랑하라는 높은 계명을 버릴 수 없다. 그러나 동시에 거래를 정직하게 하고 게임을 공정하게 하는 낮은 도덕성은 기독교인에게도 기본이다. 높은 계명 앞에 선 사람들이 그리스도인들이기 때문에, 낮은 도덕성은 당연히 수행되어야 하는 것이다. 수시로 사랑을 말하면서 오히려 건전한 시민의식이 결핍되는 일은 없어야 할 것이다.

칸트의 양심과 기독교인의 양심

임마누엘 칸트(1724~1804)는 "밤하늘에 빛나는 별이 있듯이 내 마음 속에는 양심(도덕법)이 있다"고 했다. 밤하늘은 캄캄하다. 그러나 별이 빛나고 있어 아름답다. 별이 없는 밤하늘은 흑암 속의 두려움밖에 없을 것이다. 밤하늘. 그것은 칸트에게는 인간 마음의 악의 성향을 가리키는 것이다. 그는 인간의 악의 성향이 몹시 뿌리 깊다고 생각했다. 타고났다고 할 정도로 악한 성향은 인간 본성 속에 깊이 뿌리를 내리고 있다. 그래서 우리의 마음 씀씀이를 오염시킨다. 그리고 오염된 인간의 마음이 세상을 오염시키고 있다고 칸트는 생각했다.

왜 서양 사람들은 이렇게 악을 심각하게 생각했는지 모르겠다. 한국이나 중국에도 그런 담론이 없지 않지만 서양만큼 악의 문제가 사유의 핵심을 차지하지는 못했다. 아마 기독교의 영향 때문일지 모른다. 성경에는 이미 구약성서 시대부터 악하고 불의한 사람들이 잘되는 이 세상의 모순을 하소연하는 기도가 수없이 많이 있다. 악한 세상 속에서 의로운 자가 부르짖는 구원의 요청, 거기에서 성서 신앙이 시작되었다고 할 수 있을 정도다. 사실은 묵시 사상이나 종말론도 그런 문제와 연결된 것이다. 그런데 세상의 악을 그처럼 심각하게 본 것이 세상을 제대로 본 것일 수도 있다. 인류의 사상사란 것은, 어떻게 하면 선이 악을 이겨서 세상이 평화롭게 되고 사람이 편하게 살 수 있는지를 생각해 온 역사라고도 할 수 있다. 여하튼 칸트 역시 사람 마음과 세상의 부패가 심각하다고 보았다.

그렇다면 세상을 어떻게 바꿀 수 있을까? 칸트는 사람 마음의 혁명을 생각했다. 그러나 마음의 혁명이 어떻게 가능할 것인가? 그는 그 가능성을 마음속의 양심에서 찾았다. 양심은 밤하늘의 별과 같다. 사람의 마음이 부패해 칠흑 같이 어두워도, 그 한 가운데서 양심은 여전히 빛나고 있다. 칸트는 인간의 양심을 믿었고, 거기에 인류사회의 희망을 두었다. 그는 기독교 전통 속에서 자랐기 때문에 인간이 죄인이라는 것을 알고 '근본악'(radical evil)을 말했지만, 인간 속의 양심이 스스로 자신의 뿌리 깊은 악을 이길 수 있다고 믿었다.

칸트가 너무 순진했던 것 아닌가? 그러나 인간의 양심을 믿지 않으면 어떻게 사람을 믿고 살 것인가. 물론 종교는 인간에 대한 신뢰보다는 하나님에 대한 신앙을 말한다. 그러나 하나님에 대한 믿음은 결과적으로 사람이 서로 믿고 살 수 있는 사회를 만드는 데 도움이 되어야 하는 것 아닐까? 서로 믿지 못하고 사는 사회는 얼마나 불안한 사회인가.

2

우리는 그 문제를 '일반적 신뢰'의 차원에서 생각해야 할 것이다. 종교에서 말하는 신앙만큼은 아니더라도, 인간이 사회생활을 하며 인간에 대한 어느 정도의 믿음은 있어야 한다. 미국의 철학자이자 「사회정의론」을 쓴 존 롤즈의 말을 빌면 그런 정도의 믿음을 일반적 신뢰라고 한다. 만일 인간을 믿을 수 없는 세상이라면, 세상은 서로에 대한 불신 때문에 온갖 협잡과 잔꾀와 힘이 판칠 수밖에 없을 것이다. 그 경우에 개인은 늘 피해 의식에 젖어 속이 편치 않고 방어적이면서 공격적이 될 것이다. 그렇다면 인간에 대한 신뢰도가 높은 사회가 살기 좋은 사회라는 것은 자명하다. 그런데 기독교인이 많은 사회가 인간에 대한 일반적 신뢰가 커지는 데 기여할까? 하나님에 대한 믿음은 인간에 대한 일반적 신뢰를 끌어올리는 데 기여할까? 한국에서 기독교 신앙은 한국인들이 서로 믿고 살 수 있게 하는 데 기여하고 있을까?

사람이 서로 믿고 살 수 있으려면 대단한 사랑이나 헌신이 필요한 것이 아니라, 이해관계가 충돌했을 때 상식적이고 합리적인 차원에서 해결할 수 있어야 한다. 서로 사랑하면 물론 좋겠지만, 결정적으로 신뢰의 정도를 가늠할 수 있는 것은 이익이 충돌했을 때다. 그리고 그 문제를 위해서는 신앙이 필요한 것이 아니라 건전한 상식이 필요하다. 반칙을 쓰지 않고 원칙이 지켜지고 있는지, 부당한 힘의 행사는 없는지, 그리고 부당한 일은 반드시 옳은 방향으로 고쳐지는지를 살피고 따지고 판단하는 이성의 힘이 중요하다. 만일 그런 문제가 잘 이루어지지 않으면, 사회는 서로에 대한 불신 때문에 누구나 수단방법 가리지 않고 호시탐탐 자기 몫을 챙기는 아수라장이 될 수밖에 없다. 그런 사회에서는, 힘이 있어 보이는 사람에게 붙어 이득을 챙기는 것이 살 길이라고 생각한다. 그러니까 인간에 대한 신뢰와 불신은, 이권과 권세의 기회를 놓고 다투는 경쟁이 공정하게 치러지느냐의 문제에 달렸다. 그것은 사회의 기본 덕목으로서 종교적 신앙이 없는 사람들도 가지고 있는 양심의 문제다. 인간에 대한 신뢰는 결국 그 양심에 대한 신뢰다. 누구에게나 양심이 있어서 어느 정도의 상식적 규범을 따를 것이라는 믿음이 인간에 대한 신뢰이다. 이 믿음이야말로 사회를 건전하게 만들고 인간을 편안하게 만드는 일차적인 믿음이다. 아무리 종교생활을 열심히 하고 신앙이 좋은 것 같아도, 게임을 공정하게 치를 줄 모르는 사람은 한 사회의 악이 된다. 그는 인간의 양심에 대한 신뢰를 떨어뜨려서 모든 사람을 불행하게 만들기 때문이다. 자기가 속한 종교집단에서 얼마나 인정을 받고 있는지 몰라도 보편적 의미에서 그는 사회의 적이다.

3

우리는 종교가 자칫 사람을 파렴치하고 몰상식하게 만들 수 있다는 점을 안다. 종교는 사람을 매우 헌신적으로 만들기도 하지만, 무조건적인 충성으로 도덕 판단을 어지럽힐 수도 있다. 그리고 종교에의 무조건적인 충성 뒤에는, 많은 경우에 자기 이득에 대한 관심이 들어 있다. 그러므로 엄밀히 말하면 무조건적인 충성은 없다. 그런 점에서, 사람은 결국 계급적 관심에서 행동한다는 사회과학자들의 인간 분석을 경청해야 한다. 국제 사회에서 민족 간의 종교 분쟁으로 보이는 것도 알고 보면 정치경제적인 이해관계의 충돌이듯이, 하나님을 들먹이며 억지를 부리거나 전투적 자세를 보이는 사람들 역시 많은 경우에 무슨 이득에 대한 관심이 있다. 그 이득에서 조금도 물러서지 않겠다는 신념이 종교적 신념을 낳는 것이다. 다만 종교적 겉모습이 이득에 대한 관심을 위장하고 있다. 하나님의 이름을 들고 나오면 그 다음에는 말이 안 통한다. 따라서 종교인들의 충돌은 마침내 외부의 힘에 의해 해결될 수밖에 없고, 외부의 힘은 상식적인 양심의 잣대를 가지고 있다. 결국 종교인들을 재판할 최후의 재판관은 그들의 하나님이 아니라 세상 양심이다. 그리고 양심은 이미 교회 밖에서 사회의 일반사람들이 가지고 있는 건전한 판단능력이다. 무슨 마술적 힘이 세상에 가득 차 있다고 믿은 중세에는 감히 종교인을 심판할 생각을 하지 못했다. 우리나라에서도 무속인을 잘 건드리려고 하지 않았다. 어쩌면 우리나라는 아직도 그런 주술적 세계관을 완전히 청산하지 못해서 종교가 융성하고, 융성한 종교의 타락이 지속되는지도 모른다. 그러나 이제 우리나라도 바뀌고 있다. 마귀를 들먹이며 주술적 세계에 의존한 권위로 위협하거나, 신의 이름으로 상식에 어긋나는 짓을 할 수 있는 시대는 지났다. 아직도 시대 변화를 모르고 그런 짓을 하는 사람들이 있기는 하지만.

오히려 일반인은 양심이 있어서 나쁜 짓을 할 때는 두려운 마음을 갖고 있다. 이것이 맹자가 성선설을 주장할 때 하는 말이다. 악한 짓을 하면서 양심의 가책을 느끼지 않으면, 그것이 다름 아닌 악마라고 칸트는 그의 책 「이성의 한계 안에서의 종교」에서 말했다. 사람은 늘 양심의 찔림이 있는

데, 그런 것이 전혀 없으면 인간이라고 할 수 없다는 이야기다. 그처럼 일반인은 양심의 소리에 귀를 기울이는데, 오히려 종교인들은 아무런 두려움도 없이 악을 행하는 경우가 많다. 대개 그런 사람들은 자기를 후원할 무슨 힘을 믿고 그러는데, 그렇기 때문에 그런 사람들의 악을 막을 수 있는 방법은 힘밖에 없다. 그들이 정말 두려워하는 것은 하나님이 아니라 물리적이고 물질적인 힘이다. 세상은 언제나 힘을 가진 사람들 편이라는 것을 잘 알고, 그들은 항상 힘을 키우고 한번 잡은 힘을 놓지 않는 데 주력하고 있다. 세상, 특히 종교인들의 세상은 믿음으로 의롭게 되지 않고, 성공으로 의롭게 된다는 점을 그들은 잘 안다. 그래서 그들은 아무도 안 믿고 오직 성공을 위해 나아간다. 좋게 보면 그들은 마키아벨리적인 정치력을 가진 사람들인데, 그러려면 종교인의 탈을 벗어야 한다. 왜냐하면 마키아벨리는 교회와 종교에 대항해서 사상을 정립한 사람이기 때문이다. 성공으로 의롭게 된다는 것을 확실하게 믿으며 갖은 방법을 다 쓰고 힘을 휘두르는 사람은 힘에 밀려야만 자기를 돌아본다. 어떻게 하면 그런 식의 신념이 힘을 못 쓰는 사회를 만들 것인가?

4

우선 인식을 바꾸어야 한다. 칸트도 그 일을 한 사람 중의 하나다. 칸트가 「실천이성비판」과 「이성의 한계 안에서의 종교」에서 한 일이 그것이다. 칸트는 교회가 공연한 권위로 사람을 위협하여, 신의 뜻을 배신하고 있다고 보았다. 그리고 너무 쉽게 축복과 속죄를 선포해서 사람의 양심을 무디게 만든다고 생각했다. 그래서 그는 종교와 양심의 관계를 바꾸어 놓으려고 했다. 종교를 없애려고 한 것이 아니라, 양심대로 살려고 애쓰는 사람의 시각에서 종교를 보려고 했다. 그는 신에 대한 믿음이 의롭게 살려고 노력하는 삶의 연장에서 생겨나는 것으로 생각했다. 실천 이성의 연장에서 종교가 생긴다고 보았다. 모든 종교의 핵심에는 도덕이 있고, 오직 도덕에 의한 그리고 도덕을 위한 종교만이 참된 종교라고 보았다. 그런 식으로 그는 서양 사회를 교권주의에서 벗어나 인간 해방의 길로 나아가게 만들었다.

교회에서는 인간이 죄인이므로, 인간은 하나님을 믿고 그리스도의 속죄의 은총으로 죄의 노예상태에서 해방되어 구원을 받는다고 가르친다. 그 과정에서 죄의 집요한 상태를 악마라는 이름으로 표현하기도 한다. 그러나 칸트는 인간이 죄의 노예상태에 있지는 않다고 보고, 누구나 갖고 있는 양심을 통해 선을 알 수 있고 행할 수 있다고 보았다. 싸워야 할 상대는 마귀가 아니라 내 마음이다. 바울이 말한 대로, 마음의 한편은 선을 원하는데 다른 한편에서 악을 행하고 싶은, 그 마음을 이겨야 한다. 바울이 말한 싸움과 칸트가 말한 싸움은 결국 내 속에 있는 두 마음간의 싸움이다.

그런데 은총을 받아들이는 과정이 다르다. 바울은 인간이 그리스도의 속죄의 은총에 힘입어 두 마음의 싸움에서 이길 수 있다고 보았다. 그러나 칸트는 그 싸움을 인간이 스스로 싸워야 한다고 보았다. 그런데 스스로 선한 싸움을 싸우는 사람은 자신의 한계에 부딪혀 은총을 요청하게 된다. 선한 싸움을 싸우는 사람만이 자신의 한계를 말할 자격이 있다. 그 때 속죄에 대한 믿음과 의로운 자에게 갚아주시는 하나님에 대한 믿음이 생긴다. 그 믿음은 이미 윤리적으로 선한 싸움을 싸우고 상당한 정도로 자신의 인격에 대한 신뢰가 생긴 사람에게 생기는 잉여분이다. 그러므로 그 믿음은 도덕적 실천이 낳는 믿음이며, 교리로 전달되어 머리로 받아들일 수 있는 것이 아니다. 전도해서 전달되는 믿음이 아니라 오직 마음을 다하여 양심에 따라 살려고 하는 사람에게 생길 수 있는 개인적인 믿음이다. 그리스도의 속죄와 성육신과 종말론적인 하나님의 축복은, 악한 세상에서 선하게 살려고 끊임없이 노력하는 사람들만 알 수 있는 비밀들이다. 예수께서 말씀하셨듯이, 의를 위해 박해를 받는 사람들(산상수훈)의 내면에서 펼쳐지는 비밀의 세계가 신앙의 세계다. 그런 비밀을 안고 있는 사람들이 모여 교제하고 속마음을 교통하는 것(communio sanctorum)이 교회다. 그런 믿음과 그런 교회는 정치가 도덕적이게 하는 데 기여하고, 이 사회가 서로 믿고 살 수 있는 사회가 되는 데 소금과 빛의 역할을 한다. 칸트는 기독교 신앙과 교회를 그렇게 이해했다.

기독교 신앙과 의롭고 양심적인 삶은 동전의 양면과 같다고 해야 할 것이다. 기독교는 신앙에서 바른 삶이 나온다고 본다. 반면에 칸트는 바른 삶에서 신앙이 생긴다고 본다. 칸트에 따르면 기독교에서 믿는 하나님이나 그리스도는 바른 삶의 노력에서 나온 상징이다. 양심의 명령을 실천해서 서로 믿고 살 수 있는 바른 사회를 만들려고 애쓰는 사람들만 하나님에 대한 올바른 믿음을 갖게 된다는 이야기다. 참다운 삶과는 무관한 축복의 종교는 사회의 도덕성에 대한 적이 될 수 있다고 칸트는 보았다. 그래서 칸트는 인간의 보편 이성, 곧 양심을 중심으로 종교를 재정립한 것이다. 양심을 믿고 비양심과 싸우는 것 그리고 그런 싸움을 후원하는 종교, 그것이 그가 생각한 인류 평화의 길이었다.

칸트의 이야기가 기독교 신앙을 모두 설명하지는 못한다. 그러나 칸트의 사상에는 바른 신앙을 갖는 데 필요한 중요한 가르침들이 들어 있다. 믿음이 행함을 낳지만, 바른 행함이 참된 믿음을 낳기도 한다. 오늘날 교회에서 신앙은 의롭게 살거나 참 자아를 찾아가는 문제와는 별개가 된 것 같다. 그렇게 되면 신앙은 인간 사회의 일반적 신뢰를 감소시키는 결과를 가져올 수도 있다. 하나님을 믿는 사람은 사회에서도 믿음직한 사람이 되어야 할 것이다. 교회는 윤리를 선포하는 곳은 아니지만 결과적으로 윤리적 효과를 일으키는 곳이 되어야 할 것이다. 신앙의 목표가 도덕성은 아니지만 도덕성은 신앙의 중요한 부산물로서, 신앙이 있는지를 판단하는 데 중요한 지표역할을 한다.

원수를 사랑하라?

프로이트는 「문명 속의 불만」(1930)에서 '원수를 사랑하라'는 계명이 인간에게 맞지 않는 계명이라며 이렇게 말하고 있다. "인간은 공격 받았을 때 상대를 반격하지 못하는 그런 유순한 동물이 아니다. 오히려 인간은 강력한 공격 본능을 타고난 것으로 추정되는 동물이다. 사람들은 이런 진실을 부인하고 있다. 인간에게 이웃이란 그의 잠재적인 협력자일 수도 있지만, 그들의 공격 본능을 자극하는 존재이기도 하다. 인간은 이웃을 상대로 자신의 공격 본능을 만족시키고, 아무 보상도 주지 않은 채 이웃의 노동력을 착취하고, 이웃을 성적으로 이용하고, 재물을 강탈하고, 이웃을 경멸하고, 고통을 주고, 고문하고 죽이고 싶은 유혹을 느낀다. 인간은 인간에게 늑대다."

우리는 프로이트의 말을 충분히 이해한다. 그런 공격 본능은 평소에는 잘 안 보이는 상태로 작용하지만, 전쟁 시에는 드러내 놓고 잔인한 학살극이 벌어진다. 그것을 애국심의 이름으로 정당화한다. 기독교인들이 오랫동안 유대인을 학살하거나 경멸한 것도, 문명사회에서 억눌려 있던 공격 본능을 다른 모습으로 배출한 것이다. 비기독교인에게 저주를 퍼붓거나 아주 배타적인 태도를 보이는 것도, 프로이트는 공격 본능이 신앙의 이름으로 작동하는 것으로 본다. 한편 그는 원수를 사랑하라는 거대한 명령이 인간을 불행하게 만든다고 보았다. 그 명령은 도달할 수 없는 초자아를 도덕과 신앙의 이름으로 자꾸 키워 죄의식을 강화시킴으로써, 자기를 필요 이상으로 심하게 공격하게 만든다. 그건 공격 본능의 충동을 해결한 것이 아니라, 공격의 방향만 바꾸어서 남을 공격하지 못하는 문명사회에서 자기를 공격하도록 만든 것이다. 밖을 공격하지 못하니까 자기를 공격하는 것이다. 지나치게 높은 수준의 계명은 초자아를 자꾸 키워 자아의 무력함을 공격한다. 그것이 죄의식의 본질이다. 프로이트는 말한다. "인간의 양심을 형성하는 초자아는 자연에서 벗어난 인간 문명의 산물이다. 그것은 아주 예외적으로 강한 정신력을 가진 사람들에 대한 강한 인상을 바탕으로 형성된다."

2

　　　이른바 인문주의 시대가 도래할 때, 그런 도덕적인 영웅들이 있었다. 서양에서는 플라톤과 아리스토텔레스의 가르침이 있었고, 동양에서는 공자와 맹자, 묵자, 그리고 석가모니의 가르침이 있었다. 동양은 가르침과 삶이 일치하는 것을 중요시했으니, 동양의 성인은 교육자일 뿐 아니라 삶의 모범으로 강한 인상을 남긴 사람들이라고 할 수 있다. 그들이

한 일은 무엇인가?

　그들은 모두 높은 도덕성을 가르쳤다. 그들은 세상을 평화롭게 하는 데 관심이 있었는데, 모두 인간 내면을 평화롭게 하는 데서 그 해결책을 찾았다. 내면을 평화롭게 한다는 것은 무엇인가? 인문주의 스승들이 가르친 것은, 내면의 이기심을 없앰으로써 내면에서 싸우고 있는 두 마음을 하나로 통일하는 것이다. 인심(人心)과 도심(道心)이 싸우고 있는데 인심으로 통일하지 않고 도심으로 통일할 때 사람은 평안해지고, 개인 내면이 평안해지면 세상이 평안해질 것이라고 보았다. 그처럼 도심으로 살 수 있는 사람은 군자라고 하는데, 세상을 다스리는 정치는 그런 군자들이 해야 사심(私心) 없이 공심(公心)을 가지고 세상의 분쟁을 의롭게 처리할 수 있다. 그것이 도덕과 정치를 분리하지 않은 동서양 인문주의자들의 공통된 가르침이다.

　그런데 도심(道心)이란 프로이트가 비판하는 높은 초자아라고 할 수 있다. 인심은 꼭 사욕(私慾)이라고 할 수 없는데, 그럼에도 불구하고 사욕과 도심을 대립시키지 않고 인심 곧 사람의 마음과 도심 곧 하늘의 마음을 대립시킨 것은, 인심이 언제나 사욕에 빠져 있음을 전제로 한 것이다. 그래서 사람은 사람의 마음이 아닌 하늘의 마음을 품어야 한다는 것이다. 인문주의자들은 그런 초월적인 경지를 가르쳤다. 그것이 단번에 세상을 평화롭게 할 수 있는 근원적인 길이라고 믿었으며 그런 가르침이 문명의 주류를 형성했다. 공자는 그런 도심을 바탕으로 충(忠)과 서(恕)를 실현하라고 했다. 서(恕)는 나를 미루어 남을 생각하는 것이니, 내가 하고 싶지 않은 것은 남에게도 하게 하지 말라는 것이다. 충(忠)은 내가 서고 싶으면 남을 세워주고, 내가 영달하고 싶으면 남을 먼저 영달시켜주는 것이다. 이것은 인간에게 큰 요구이다. 그런 도덕성을 지극히 실현하는 것이 성(誠)인데, 중용(中庸)에서는 성을 통해 천지인(天地人) 합일을 이룩할 때 세상을 평화롭게 할 수 있다고 보았다. 천(天)이란 초월적 도덕성을 말하는 것이요, 지(地)란 세상의 모든 만물을 가리키는 것이다. 그러므로 천지인 합일이란 높은 도덕성을 내 안에 실현함으로 세상 만물을 내 안에 모두 담아 놓은 상태를 가리킨다. 마음을 완전히 통합함으로써, 세상 만물과 형제처럼 통할 수 있는 경지를 가리킨다. 맹자는 이를 가리켜 호연지기(浩然之氣)라고 했다. 성인(聖人)이 되고자 하는 것은 동양에서 늘 가르침의 핵심이 되어 왔다. 높은 경지의 가르침은 우리가 도달할 목표요, 세상이 나아갈 기준점의 역할을 했다.

그러나 프로이트가 볼 때, 그것은 인간에게 맞지 않는 것이요, 결국 인간을 괴롭히는 역할을 해 온 것이고, 인간의 문명 뒤에 깊은 그림자를 드리웠다. 그리고 어떤 모양으로든지 그 그림자는 주변 사람에게나 문명 전체에 갑자기 파괴적인 힘을 행사했다. 공격 본능의 에너지는 높은 가르침에 의해 억압되지만 사라지지는 않으며, 다양한 방식으로 불거져 나와 자기 힘을 행사하기 마련이라는 것이다.

3

　　　　　그러면 기독교는 어떤가? 복음은 우리를 율법에서 해방시켰지만, 사랑을 강조했다. 하나님의 사랑을 말했지만 결국 이웃 사랑의 문제에 묶어두려고 노력했다. 인문주의를 끌어안은 결과요, 문명의 과

정상 그럴 수밖에 없었다. 믿음으로 의롭게 여김 받음(justification)은 성화(sanctification)로 연결되었다. 그리고 원수까지도 사랑하라고 했다. 기독교의 죄의식은 한편으로 인간의 본성과 도덕적 능력을 비신성화하기도 했지만, 윤리적 요구가 언제나 중요하게 남아 있었다. 설교하는 목사들은 사랑을 말하지 않을 수 없고, 중세 교회는 예수의 어려운 덕목을 모두 실현하는 초자연적 공동체로 군림했다. 도덕성의 우위를 중심으로 형성된 교회의 권력은 죄를 지을 수밖에 없는 세상 권세에 대한 견제 역할을 했다. 만일 종교인들의 세계가 결코 도덕적이지 않다는 것이 밝혀지거나, 권위의 중심이 개인에게로 돌아가면 교회의 권위와 사제나 목사들의 권위는 더 이상 유지될 수 없을 것이다. 그것이 서양에서 일어난 세속화의 핵심이다. 오늘날 서양 사회는 자신들이 기독교 전통을 가지고 있었다는 것 자체를 부끄러워하는 경향을 가지게 되었다. 그것은 교회 목사나 교회 단체에 권위를 맡기고 거기에 붙들려 있었다는 것에 대한 부끄러움이다.

그럼에도 불구하고, 유대교와 기독교의 독특한 죄의식은 세속화 이후에도 윤리와 연결되어 상당히 심각한 통찰을 제공하고 예언자적인 역할을 해왔다. 말하자면 오늘날 기독교라는 종교 자체가 중요하지 않게 되었더라도, 윤리에 반영된 기독교 정신의 영향은 지속되는 것 같다. 도스토예프스키는 사랑에 기초한 윤리적 계명의 엄숙함은, 세상에 그것을 지키는 사람이 있느냐 없느냐의 문제와 무관하다고 생각했다. 그는 실제로 사람들이 그대로 사느냐 아니냐와 상관없이, 세상에 그런 가르침을 따라 사는 사람이 단 한 사람도 없다고 하더라도 자신은 그 계명을 지킬 의무가 있고, 그런 의무가 주어진다는 것은 그 의무를 수행할 수 있음을 전제로 하는 것이라고 보았다.

톨스토이는 「국가는 폭력이다」라는 책에서, 국가의 존재에 반대하는 아나키스트적인 생각을 펼쳤다. 그는 국가와 교회를 가리켜 세뇌기관이라고 불렀다. 인간으로 하여금 자신의 고유한 존엄성을 찾지 못하게 하면서 끊임없이 세상의 폭력의 악순환 속에 살도록 세뇌시키는 것이 국가요 교회라고 본 것이다. 그는 특히 사제들을 말과 행동이 일치하지 않는 사람들로 증오했다. 윤리 없이 종교의 껍질만 가지고 권위를 행사하는 사람들로 보았다. 그런 그의 가르침은 신약성서의 말씀에 기반을 둔 것이다. 그리하여 그는 철저한 비폭력을 말하고, 원수를 사랑하라는 예수의 말씀을 지켜야 한다고 주장하면서, 국가와 교회에 힘을 실어주는 어떤 굴복에도 반대했다. 그가 볼 때 가장 복음적인 삶은 땅을 파서 먹고 사는 순박한 농부들의 삶이었다.

고흐도 그랬다. 그는 민감한 양심을 가지고 복음을 전하기 위해 광산촌에 들어가 그들과 함께 먹고 자면서 전도사의 일을 했다. 그러나 목사였던 아버지의 반대에 부딪히면서, 자신이 생각한 삶과 교회의 현실이 다르다는 것을 느꼈다. 그가 가장 이상적으로 본 것은 농부들의 삶이었다. 그는 농촌을 많이 그렸는데, 그가 그린 〈감자 먹는 사람들〉이란 제목의 그림은 일종의 성만찬으로 그린 것이다. 자신들이 경작한 감자를 감사하는 마음으로 나누어 먹는 밥상이야말로 하늘에 대한 진정한 감사와 나눔이 있고, 그것이 예수 그리스도가 말한 성만찬이라는 것이다.

이들은 모두 복음서에 나온 급진적인 예수의 가르침과 바울의 사랑의 윤리에 기반을 두고 교회와 세상에 저항한 사람들이다. 오늘날 기독교 신학자들 중에 그들의 영향으로 종말론적인 성서의 가르침을 그대로 살아야 한다고 주장하는 사람들이 있다. 오른쪽 뺨을 맞으면 왼쪽 뺨도 갖다 대라는 계명이나 원수를 사랑하라는 계명을 지키는 것이야말로, 폭력이라는 사탄을 이길 수 있는 유일한 길이라고 그들은 본다. 원수는 나를 괴롭히는 어떤 사람이 아니라 그가 행사하는 폭력이다. 만일 내가 폭력으로 맞선다면 나를 괴롭히는 사람은 이길 수 있을지 모르나, 폭력이라는 원수는 살아 있는 것이다. 사탄은 폭력에 보복하도록 우리를 유도해서 폭력의 악순환을 계속 돌리고 싶어 한다. 그러므로 그리스도인은 영적인 힘을 가지고 비폭력의 힘을 행사해야 한다. 그것만이 폭력의 악순환을 끊어 세상으로부터 사탄을 몰아내는 유일한 길이라고 그들은 선포한다.

4

그러나 그것은 얼마나 실행하기 어려운 계명인가. 프로이트는 여전히 말한다. "네 이웃을 네 몸 같이 사랑하라는 명령은 인간의 공격 본능을 막으려는 가장 강력한 장치다. 그러나 이 명령을 수행하는 것은 불가능하다. 그런데 문명은 인간의 불가능성에 관심을 갖지 않는다. 그저 자기 명령에 복종하기가 어려울수록 명령에 복종하는 것이 더 많은 가치를 갖게 된다고 우리를 훈계할 뿐이다. 그러나 현대 문명 속에서 그런 명령에 따르는 사람은 그 명령을 무시하는 사람과 비교하여 불리한 처지에 놓일 따름이다."

불리하다는 것은 무엇인가? 왜 나는 원수를 사랑하지 못할까 하고 고민하는 사람들은, 아예 그런 것을 염두에 두지 않고 자기 이익을 충실하게 따르는 사람에 비해서 손해 보는 일이 많다는 이야기다. 그처럼 자기에게 높은 도덕을 요구하면, 그 요구를 실현하지 못하는 자신에 대해 고민하고 갈등하며, 그래서 자기를 학대하는 쪽으로 가기 쉽다. 그러면 외부의 공격으로부터 자신을 지키는 일에 미숙하게 된다. 자기와 싸우느라고 남과의 싸움에서 처신하는 법을 모르게 된다는 말이다. 복음대로 사는 것은 너무 힘들기 때문에, 복음의 가르침에 충실하려는 사람은 너무나 큰 자기모순을 느끼게 된다. 거기서 괴로워하고 멈칫거리다 보면 이득을 놓고 갈등하고 밀고 당기는 현실에서 뒤처지기 십상이다. 세상은 부와 권세로 사람을 평가하기 때문에, 결국 그런 현실에서 양심적인 사람들은 남는 게 없는 패배자로 전락하기 쉽다는 것이 프로이트의 평가다.

라인홀드 니버는「기독교 윤리학」에서 이렇게 말한다. "도덕성에서 무한성의 가장자리를 만지면서도 유한성 가운데 있는 것이 인간이다. 인간이 자신의 한계를 생각하지 않고 그것을 뛰어 넘으려 할 때 그의 삶 가운데 악이 강해진다는 사실을 역사는 우리에게 인식시켜 준다." 도덕적 이상을 실현하려고 뛰어든 사람들이 오히려 악을 창출하는 경우가 많다는 것이다. 이것은 물론 공산주의를 염두에 둔 발언으로 보인다. 그러나 그런 통찰은 가족적인 사랑에 바탕을 둔 국가 건설을 주장했던 플라톤을 비판한 아리스토텔레스의 현실주의 정치학에서부터 보인다. 서양 사회에서 관념론과 경험론의 긴장과 대립은 사실 이상주의와 현실주의의 대립이었던 것이다.

자, 이 문제를 어떻게 하겠는가. 프로이트는 인간의 현실을 잘 말해 주었다. 그러나 다른 한편으로 복음에 충실하고자 애쓴 사람들이 있고, 그들이 우리를 부른다. 복음이란 무엇인가? 우리는 어느 지점에서 우리의 길을 찾아야 하는가?

유전자가 가보지 않은 길

2009년은 다윈(1809~1882)이 1859년 「종의 기원」을 발표한 지 150주년이 되는 해였다. 그래서 세계적으로 진화론 발표를 기념하고 토론하는 다양한 행사가 열렸고, 우리나라에서도 진화생물학을 소개하고 논의하는 자리가 많았다. 하버드 대학의 동물학자 에드워드 윌슨(1929~)과 옥스퍼드 대학의 자연과학자 리처드 도킨스(1941~)는 1970년대에 인간의 사회 행위를 진화론으로 설명하는 책들을 발표하여 세상의 주목을 받았다. 그들의 이론은 다윈진화론이 발표된 지 120년 쯤 지난 후 현대 유전자 연구의 도움을 받아, 진화의 추진력을 개체나 종이 아닌 유전자의 보존과 번식의 관점에서 찾으려고 한 점에서 신다윈주의라고 부르기도 한다. 그러나 여전히 자연선택설로 생명 현상을 설명한다는 점에서 다윈주의의 충실한

계승자라고 할 수 있다. 우리나라 서점가에서도 몇 해 전에 도킨스의 「이기적 유전자」가 베스트셀러가 되었고, 윌슨 교수의 「통섭」은 학자들 사이에 많은 논쟁을 불러일으키고 있기 때문에, 앞으로 더욱 다양한 토론이 있을 것 같다.

2

윌슨과 도킨스를 비롯한 진화생물학자들은 상당한 논쟁을 불러일으키면서, 다른 한편으로 큰 영향력을 발휘하고 있다. 그동안 이해가 잘 되지 않았던 인간의 사회생활에 대해 진화론의 관점에서 상당 부분 설득력 있는 설명을 내놓았기 때문이다. 그들은 다양한 형태의 인간관계뿐 아니라 도덕과 종교, 예술에 이르기까지 모든 것을 진화론으로 설명하고 있다. 지금까지 인문학이나 종교의 가르침에서 인간은 동물과 다른 문화를 가지고 있다고 생각했다. 그러나 윌슨이나 도킨스는 인간이 침팬지와 유전자가 거의 같을 뿐 아니라, 그 행위 양태도 거의 다를 바 없다고 주장한다. 그래서 진화생물학자들은 인간의 행태를 이해하기 위해 영장류를 연구한다. 생물학적으로 보면 인간은 동물계, 척색동물문, 포유강, 영장목, 사람상과(Hominoidea), 사람과(Hominidae)에 속한다. 사람과에는 오랑우탄속, 아프리카 유인원인 고릴라속과 침팬지속, 그리고 사람속(Homo)의 네 속이 있다. 그 중에서 사람과 가장 최근에 갈라진 것은 침팬지라고 그들은 본다. 오늘날의 사람은 사람속에 속한 여러 종 가운데 호모 사피엔스라고 하는 대략 20만 년 전에 출현한 조상의 후손이라고 한다.

이와 같은 주장은 적어도 2백여 년 전부터 진행된 화석연구와 20세기 들어 크게 발전한 분자생물학의 유전자 연구, 그리고 동물행동학 등의 분야가 합쳐져 이루어진 과학 지식의 산물이다. 다윈이 진화론을 발표했을 당시에 교회의 반발이 있었듯이, 오늘날에도 교회의 반발은 여전하다. 그러나 150년 전과 달리, 이제는 지식인들의 상당수가 진화론을 받아들이고, 그동안 진화론을 배제하고 창조론을 믿었던 이들도 진화론을 수용한 창조론 쪽으로 방향을 바꾸고 있는 것 같다. 물론 여전히 창조론의 견지에서 지적 설계론 등을 주장하는 사람들도 있다. 그러나 미국과학협회에서 과학적 견해를 0.1부터 0.9까지 매긴 점수에 따르면, 창조론이나 지적 설계론은 0.1에 해당하여 전혀 과학이론으로 볼 수 없다는 결론이고, 빅뱅이나 진화론은 0.9로서 증거가 충분한 과학이론이라고 한다. 그래서 종의 기원이나 우주의 기원이 과학으로 설명된다는 것이 지식인들의 분위기이며, 학교 교육도 그렇게 이루어지는 것 같다. 물론 그것이 의미하는 바가 아이들이나 대중들에게 상세하게 전달되지는 않았지만 말이다.

여하튼 과학자들에 따르면 지금 상태로 존재하는 모든 종류의 존재들과 생물체들은 150억 년 전 일어난 대폭발로 발생한 작은 미립자들의 진화의 산물이다. 작은 미립자들이 뭉쳐 각각 다른 성질의 물질로 발전했고, 그렇게 형성된 원소들이 어떤 자연조건 아래에서 다시 세포와 생물체로 진화했으며, 인간 역시 그러한 오랜 진화의 연속선에서 생겨났다는 것이다. 생명체 진화 역사의 기본원리는 생존과 번식이다. 아주 오랜 세월을 지내다 보면 어떤 돌연변이가 발생하고, 그것이 유전되어 후손들을 낳으면 기존의 것들과 생존을 놓고 경쟁하게 되는데, 환경에 적응하여 생존과 번식에 유리한 형질을 가진 것들이 그렇지 못한 생명체보다 더 많은 후손을 남기는 방식으로 선택이 이루어진다. 그것을 자연선택이라고 한다. 자연선택의 결과 현재 모습의 생물체와 인간들이 생겨났다. 현재 존재하는 생물체들의 겉모습과 신체 구조와 성질들은 그런 자연선택의 산물이라는 말이다. 그렇게 보면 최초 단세포 생물로부터 인간에 이르는 길에는 수많은 돌연변이와 생존경쟁이 있었던 셈이다. 과학자들은 수십 억 년의 세월은 그런 돌연변이와 자연선택이 있기에 충분한 기간이라고 본다.

3

이런 진화론이 가져오는 가장 큰 충격은 삶의 의미와 인간의 도덕성에 관한 것이다. 윌슨이나 도킨스가 주장하고 있듯이, 진화론의 각도에서 볼 때 생명과 인류의 존재와 역사에 어떤 특별한 의미가 있는 것이 아니다. D.N.A.라고 하는 유전체가 출현한 후, 형질을 구성하는 그 유전자가 어떻게든 생존과 번식에 유리한 길을 따라 온 것뿐이다. 가능하면 오래 살고 그리고 가능하면 더 많이 퍼져 후대를 통해 존재를 계속하는 것이 유전자의 관심이다. 진화론자들은 종교도 그런 이기심에서 생긴 것으로 본다. 인간은 자신의 조상인 영장류에 비하면 좀 더 복잡한 도덕 체계와 종교나 문화 같은 것을 가지고 있지만, 그 뒤에는 자기 유전자의 생존과 번식에의 관심이 지배하고 있다는 점에서 영장류의 연속선에서 크게 벗어나지 않았다는 것이 진화생물학자들의 주장이다.

그러나 사람은 자기 자식에 대해 헌신적이고, 조국을 위해 몸을 바치기도 하고, 때로는 대의를 위해 희생하지 않는가. 교회를 위해 희생도 하고, 신앙을 위해 순교하는 사람도 있지 않는가. 하지만 그런 현상은 모두 진화론으로 설명된다. 개체는 죽지만 유전자의 번식에는 유리한 것이라면, 얼마든지 개체의 희생은 이기적 동기에서 있을 수 있다는 것이다. 자식을 위해 희생하는 것은, 자식이야말로 자기 유전자를 가장 많이 가지고 있는 생물체이기 때문이다. 그러므로 자식사랑은 유전자 수준에서 보면 이기주의에서 벗어나지 않고, 특별히 도덕적이라고 할 만한 것이 아니다. 집단에 대한 충성심 역시 마찬가지다. 자기 국가를 위해 희생하는 사람은 자기와 자기 자식밖에 모르는 사람보다는 훌륭하지만, 유전자적 관심에서 그리 먼 것은 아니다. 왜냐하면, 집단에 대한 충성을 통해 적어도 자신과 가까운 후손들이 타 집단의 공격으로부터 보호받을 것이기 때문이다. 그런 계산이 무의식 속에 깔려 있다는 것이다. 무의식은 유전자가 지배한다.

자기가 속한 집단의 구성원들이 외부 공격으로 어려움에 처했을 때 기회주의적으로 처신하여 자식들과 본인의 영달을 꾀하는 이들도 있지만, 그들은 사회의 결속력을 해치는 자들로 지탄받게 된다. 기회주의는 집단 구성원간의 신뢰를 떨어뜨리고 그 결과 집단의 결속력이 약해진다. 그러므로 구성원 전체의 생존과 번식이 다른 집단에 비해 불리해지기 때문에, 기회주의가 비난을 받는 것이다. 이것을 가리켜 사회 보상이라고 한다. 집단을 위해 충성한 사람은, 어떤 방식으로든 그 집단이 보상하게 되어 있다. 그러므로 기회주의자에 대한 응징과, 충성한 자나 그 후손에 대한 높은 보상은 집단생활을 하는 인간 속에 본능으로 내재된 것이라고 본다. 응징과 보상의 본능적 감정은 인간의 정의감을 이루고, 그것이 도덕규범의 핵심이다.

그렇다면 인간의 도덕규범은 어차피 집단생활을 통해 개체 유전자의 생존과 번식을 추구해야 하는 영장류들에게서, 집단의 결속을 유지하기 위해 개인에게 내려진 규제 규범인 것이다. 집단 결속력을 위한 규제가 개인의 내면에 들어와 있으면 양심이 되어, 스스로 자기를 감시하고 통제하게 된다.

4

따라서 진화생물학은 개인이 집단 이기주의를 통해 개인의 이기심을 실현하고 있다고 본다. 종교나 신앙에 대한 충성심 역시 마찬가지라고 보는데, 하나님에 대한 충성이 자기 교회나 교단에 대한 충성에서 벗어나지 못한다면, 그것은 결국 자기 이득에서 벗어난 것이 아니다. 자기 교회나 교단의 번영을 통해 자기나 자기 후손에게 이득이 돌아올 것이기 때문이다. 영생에 대한 관심 역시 생존본능의 연장에 있는 것이므로 진화생물학자들이 설명하는 유전자 번식의 관심에서 벗어나지 않는다. 그런데 정말 영생에 대한 믿음이 있으면, 세상의 부와 지위에 대해서는 어느 정도 초연해야 한다. 그러나 영생을 말하면서 세속적인 부귀영화까지도 겸하여 받기 바라는 경우가 많다. 진화론자들이 볼 때 그런 종교야말로 동물과 침팬지의 생존과 번식 본능의 행태를 가장 분명하게 보여준다. 다만 인간은 동물과 달리 언어에서 비롯된 문화 장치가 있어 생존과 번식에 대한 관심을 좀 더 집요하고 교묘하게 꾸미고 있을 뿐이다.

만일 종교가 거룩함과 거듭남을 말하면서 욕망의 집요함을 위장하고 있다면, 종교야말로 인간 사회를 복잡하게 만들고 정직한 해결을 불가능하게 만드는 것으로서 사회에 가장 해로운 것으로 보인다. 그런 면에서, 윌슨도 그렇지만 특히 도킨스는 정면으로 종교가 사라져야 한다고 본다. 한편 진화생물학자들은 인간이 인간 이전의 조상으로부터 물려받은 본능 중에는 이방인이나 타 집단에 대한 배타성이 있다고 한다. 그것은 생존경쟁의 원리에서 자연스럽게 생긴 형질인데, 자기 집단에 대한 충성이 타 집단에 대한 배타성을 전제로 할 때, 충성심은 집단 간의 화해를 막는 걸림돌이 된다. 그것은 종교의 경우도 마찬가지라고 본다. 오늘날 존재하는 세계적인 종교들은 모두 정복 전쟁을 통해 세계에 갑자기 확대되었다. 종교들끼리도 서로 생존경쟁을 통해 자신의 생존과 번식을 확보한다고, 진화생물학자들은 본다. 그러한 번식을 위해 가장 필요한 것이 배타성이며, 그러한 배타성 때문에 종교는 인류라는 종의 평화에 가장 큰 걸림돌이 된다는 것이 그들의 주장이다.

5

진화생물학자들의 주장의 핵심은 유전자에의 관심이 인간의 사회생활을 결정한다는 것이다. 잘 먹고 잘 살고 높은 지위와 부를 획득해서 좋은 배우자를 만나 건실한 후손을 낳고, 그들에게 좋은 조건 속에서 번영하여 유전자를 번식하도록 하는 것이 동물과 인간에게 공통된 가장 큰 관심이라는 것이다. 크게 보면 인간의 사회 행위와 문화는 그런 욕망의 달성과 좌절과 반격의 범주 안에 들어온다는 것이다. 이런 이야기는 한편 사람을 모독하는 것 같지만, 가만히 생각해 보면 그렇지도 않다. 인간이 현실적으로 어떻게 살고 있는지를 설명해 주고 있지 않은가. 유전자에 대한 관심에서 벗어나는 것, 즉 인간의 심미적 감각이나 고등종교가 가르치는 사랑의 명령은 진화 과정 중에 발생한 과잉발달로서, 인간의 능력이나 본성에 맞지 않는다고 그들은 본다. 그들은 인간의 삶은 철저한 물질주의에 기반을 두고 있으며, 그것을 인정하고 물질에 대한 욕구의 충돌을 합리적으로 조정하는 일에 신경을 쓰는 것이 중요하다고 주장한다.

자, 이제 다윈의 「종의 기원」 발표 150주년이 지난 시점에서 이렇게 말해 보자. 예수가 우리에게 가르친 길은 유전자가 가보지 않은 길이다. 그런 가르침을 진화의 실수라고 부르든 과잉발달이라고 부르든, 예수는 이 세상에 속하지 않고 하나님 나라에 속한 자유의 길을 가르쳤고, 기독교는 그러한 예수의 삶과 죽음에 기반을 두고 있다. 예수는 "누가 내 형제요 어머니냐. 하나님의 뜻을 행하는 자가 내 형제요, 내 어머니다"라고 함으로써, 우리로 하여금 유전자의 종이 아니라 하나님의 종이 되기를 바랐다. 그 이후로 그리스도인이란, 혈연이나 내가 속한 집단에 대한 충성을 넘어서, 인간 자체와 존재하는 모든 것들에 대해 충성하는 법을 배우고 있는 존재라고 할 수 있지 않을까. 거기서 생기는 자유와 기쁨의 비밀을 나누는 사람들이 성도요, 그 성도들의 교제가 교회가 아닐까. 예수가 말한 물과 성령으로 새로이 태어난 인간은, 지금까지의 진화의 길과는 다른 새로운 길을 내는 존재이다. 그 길은 새로운 인류가 탄생하는 길이라고 해야 할지 모른다. 그러나 유전자에 대한 관심이 지배하는 현실에서, 그런 가르침이 정말 통할 수 있을까. 그런 현실을 살고 있는 사람이 얼마나 될까. 그렇다면 예수의 가르침의 의미는 무엇일까? 진화생물학은 큰 도전을 주고 있다.

한국
기독교인의
죄의식

한국의 기독교는 부정 타는 것을 두려워하는 신앙의 모습을 하고 있는 것 같다. 정하고 부정한 것을 가르는 신앙은 구약의 예언자 시대 이후 신약성서에 와서 확실하게 극복되었다. 그러나 한국 기독교인들의 신앙에는 여전히 그런 옛 종교의 모습이 중요한 역할을 한다. 사람들을 종교와 교회에 묶어 두는 데는 그만큼 좋은 게 없다. 하지만 그런 것은 사람을 자유롭게 하지 않고 억압하며, 미신적인 종교성 속에서 사회가 성숙해지는 것을 막는다.

인류의 문명사에서 종교는 언제나 중요한 역할을 해 왔다. 종교는 성과 속을 구분하고 정(淨)하고 부정(不淨)한 것을 구분하는 것을 통해서 권위를 만들어 내고 질서를 창조했다. 거룩한 것에 손을 대면 안 되었고, 사제와 평신도를 엄격하게 구분하는 종교 계율이 인간의 일상생활을 지배했다. 거룩한 장소나 성물과는 거리를 두어야 하며, 잘못 접촉하면 부정 타서 재앙이 닥친다고 믿었다. 그래서 정결예식이 매우 중요했다. 그런 사고방식은 인간의 심리를 압박하며 집단의 연대성을 유지하는 데 중요한 역할을 했다. 아주 오랫동안 인간은 그런 종교의 세계에서 살았다.

그러나 도시 문명이 발달하고 사람들의 접촉이 빈번해지면서, 접촉금지와 거리두기를 바탕으로 형성된 옛 종교의 타당성이 사라지게 되었다. 아모스와 이사야가 활동할 무렵, 소크라테스 같은 그리스 철학자들이 활동할 무렵, 그리고 공자와 맹자가 활동할 무렵이 바로 그런 시기이다. 이제 인간의 내면을 다스리는 것이 제사보다 더 중요한 문제가 되었다. 근접할 수 없는 신에게 제물을 드리는 것보다, 자기밖에 모르는 인간의 마음을 다스리는 것이 새 시대의 가르침이 되었다. 정하고 부정한 것을 가르는 종교를 통해서는 인간의 갈등을 해결할 수 없었다. 그런 종교는 자기와 자기 집단은 보호하되 다른 집단과 평화롭게 지내는 법을 알지 못하기 때문이다. 결국 평화를 위해서는 신에게 제물을 바칠 게 아니라 사람의 마음을 다스리는 게 중요해졌다. 내면의 정화와 자기 수양이 핵심적인 과제로 떠올랐다.

바울 역시 그런 문제에 부딪힌 사람이다. 바울 당시에는 여전히 성과 속을 나누고, 부정 타는 것을 두려워하는 종교적인 계율이 민중을 지배하고 있었다. 오늘날까지도 인간의 종교 심성에 크게 남아 있는 것이 부정 타는 것에 대한 두려움인데, 2,000년 전에는 말할 것도 없었을 것이다. 그러나 바울의 기독교는 그런 옛 종교를 과감히 탈피하고, 세상의 마술성에서 벗어나 인간이 세상에 대해 자유로워지는 길을 열었다. 바울에게 중요한 것은 어떤 음식을 먹어도 되느냐 안 되느냐, 어떤 날이 더 길한 날이냐 등이 아니었고, 육적인 욕망을 이기고 영적인 삶을 사는 문제였다. 부정 탈까 봐 조심하는 것보다, 죄의 노예에서 벗어나는 것이 새로운 과제로 등장했다.

2

부정 타는 것을 제일 두려워하던 시기에는 수많은 금기가 있었다. 금기를 어기는 것이 곧 부정 타는 것이었다. 과학이 발달한 현대 사회에서는 많이 달라졌지만, 여전히 위험한 일을 하는 분들에게는 금기가 많다. 예를 들어 뱃일을 하거나 광산 막장에서 일하는 분들에게는 금기가 많다. 사고의 위험이 많은 직종에 금기가 많은 것은, 사고에 대한 두려움이 금기를 만들어 낸 것임을 알게 해준다. 다시 말해서 금기를 어겨 부정 탈까 봐 두려워하는 마음에는, 어떻게든 재앙을 막아보려는 의지가 들어 있는 것이다.

금기는 예고 없이 닥치는 불행의 원인을 찾는 과정에 발명된 것이다. 다시 말해서, 알 수 없는 불행의 원인을 설명하기 위해 금기를 만든 것이니, 그런 점에서 금기는 인간의 발명품이다. 어떤 규정을 어겨서 이런 불행이 닥쳤구나, 하는 식으로 인과 관계를 만들었다. 불행이나 재앙을 금기를 어긴 죄에 대한 벌로 본 것이다. 그처럼 재앙의 원인이 설명되면 안심이 되고, 재앙에 아무런 방편 없이 노출되지 않으며 조심해서 미리 막을 수 있다. 금기에는 비합리적인 것이 많았지만, 과거 고대인들에게는 재앙을 막기 위한 소중한 규정이었다. 금기에는 종류도 많다. 구약성서에 보면, 어떤 짐승의 고기는 부정한 것으로 되어 있다. 그것이 부정하다는 것은, 먹으면 무슨 배탈이 나는 정도가 아니라 큰 벌이 내릴 수 있음을 의미한다. 즉 부정한 것을 먹었을 때 신의 노여움을 사서 어떤 재앙이 닥칠지 모른다는 말이다. 자연의 도움에 의존하고 자연 재앙에 속수무책으로 노출되었던 과거 인류가 살아남기 위해서 생각해 낸 것이 그처럼 정하고 부정한 금기들이었다.

금기 가운데 가장 큰 금기는 피였다. 피는 사람 몸 안에 있을 때는 생명이지만, 몸 밖으로 나와서 흐르면 땅을 오염시킨다고 생각했다. 피는 폭력을 상징했기 때문에 밖으로 흐르는 피는 폭력의 전염을 의미했다. 종족간의 폭력과 보복으로 부족이 전멸한 경우가 많았기 때문에, 인류는 피가 상징하는 폭력의 재앙을 막기 위해 피를 금기시했다. 여성이 금기의 대상이 되었던 이유도 거기에 있다. 여성은 주기적으로 몸에서 피가 나온다. 여성이 문제가 아니라, 그 몸에서 나는 피가 문제였다. 아직 인간의 집단 폭력을 제어할 수 있는 윤리적이고 정치적인 장치가 없었을 때, 피에 대한 두려움이 여성을 금기시 하는 모습으로 나타났던 것이다. 비합리적인 종교의식이 낳은 결과이다. 우리나라에서는 아이가 태어난 후에, 대문에 금(禁)줄을 둘렀었다. 새끼줄에 숯을 꿰어 넣고 남자 아이의 경우에는 붉은 고추도 같이 꿰어 금줄을 만들었다. 대문에 매달아 출입을 금한 이 금줄은 갓난아이를 사회로부터 보호하려는 게 아니었다. 오히려 출산하면서 생긴 큰 피의 폭력성이 바깥 사회에 전염되지 않도록 막는 것이었다. 아이를 밖의 오염에서 보호하려는 위생적 사고가 아니라, 사회를 부정한 피로부터 보호하려는 종교적 사고방식의 산물이 금줄이다.

그런 시절에 종교의식은 부정 탄 것을 정하게 하는 의미를 지니고 있었다. 일종의 정화(purification) 의식이었다. 그러므로 종교 의례에 참여하는 것은 굉장히 중요한 일이었고, 특별히 정결한 몸가짐으로 참여해야 했다. 종교 의식을 치르는 과정에도 금기가 많아서, 남자들만 참여하고 여자들은 뒤치다꺼리를 담당했다. 유대교와 이슬람에서는 원칙적으로 남자들만 예배에 참석한다. 우리나라에서도 제사 드릴 때 남자만 참석했는데, 몸에서 피가 나는 여성이 참여해서 부정 타는 것을 막으려고 한 것이다. 이처럼 과거에는 정결 예법이 많아서 반드시 지켜야 했고, 제사장 외에는 누구도 함부로 제물을 만지지 못했으며, 흠 있는 제물을 바치는 것도 부정 타는 일이었다.

제사장만 희생제물을 다룰 수 있었던 까닭은, 제물을 잡아 피를 내는 작업 때문이었다. 그 피는 대속의 효과가 있었지만 잘못 다루면 밖으로 폭력이 전염될 수 있다고 보았다. 그래서 제단에는 일반인은 접근할 수 없었다. 그러다 보니까 사제 계급과 일반 사람들의 엄격한 구분도 심해졌다. 한편, 병자들도 부정해서 성전에 들어갈 수 없었다. 시체도 부정하다고 보았는데 죽음의 전염을 두려워했기 때문이다. 이처럼 부정한 것과 부정하지 않은 것의 구분과 차별은, 사물과 사람 그리고 행위에 이르기까지 다양한 모습으로 퍼져 있었다. 인도에는 오늘날까지도 불가촉천민이 존재하는데, 그들과 접촉하면 부정 탄다고 생각하여 격리시켜 생활하게 한다.

과거의 종교는 부정 타서 재앙을 받을 것에 대한 두려움에 바탕을 두었다. 종교가 힘을 가지고 대중을 지배할 수 있었던 데에는 그런 두려움이 중요한 역할을 했다. 어떻게 하면 액을 막을 것인가. 그런 생각이 종교와 신앙의 핵심을 차지했다. 그래서 사람들은 조심스럽게 살았는데 행동거지 하나하나에도 금기가 있고, 집안 구석구석에도 신이 있어서 그 신의 노염을 사지 않기 위해 조심했다. 그러니 그처럼 부정 타는 것을 두려워하는 종교에서 인간은 자유롭지 않았다. 당당해지기 보다는 두려움 속에 조심스레 사는 것이 옛 종교 시대의 삶의 방식이었다.

3

현대는 재앙을 일으키는 신들에 대한 두려움이 없는 시대다. 과거에 금기로 여겨졌던 것들이 거의 모두 사라졌다. 자연 재앙은 과학적으로 설명되고, 닥친 불행이나 불상사는 우연일 뿐이고 죄에 대한 벌이라고 여기지 않는다. 현대 과학이 가져온 중요한 성과이다.

바울은 이미 2,000년 전에 금기들로 이루어진 종교로부터의 해방을 선언했다. 부정 탈까 봐 두려워서 섬기는 신으로부터 벗어나는 일은 인간이 이룩한 중요한 진보 중의 하나이다. 인류 역사에서 사람이 자유로워지고 평등해지는 데는 종교의 변화가 필요했다. 종교가 어떻게 말하느냐 하는 것은 여전히 매우 중요하다. 신약성서는 소와 양이 아니라 하나님의 아들 예수 그리스도를 제물로 이해함으로써, 전혀 새로운 종교의 틀을 제시했다. 더 이상 제물이 필요 없어진 종교의 시대가 열린 것이다. 더 이상 부정 타는 것에 대한 두려움이 기반을 이루는 신앙이 아니라, 하나님의 사랑과 인간의 존엄성에 기반을 둔 신앙의 시대를 연 것이다.

부정(不淨)과 정(淨)함을 가르는 종교에는 인간의 내면을 정화시키는 장치가 없다. 그런 종교에서 정함을 회복하는 길은 종교 의식에 참여하는 일이다. 종교 의식은 마치 겉에 묻은 먼지를 털듯이 흠집을 지우고 털어버리는 효과가 있을 뿐이다. 예배에 참여하는 물리적 행위를 통해 심리적으로 안심되는 효과가 있는데, 깊은 내면의 도덕적 자기반성은 없다. 오늘날 한국의 기독교가 지니고 있는 원시종교적인 모습이 바로 그런 것이다. 신자들은 벌 받을까 봐 두려워하는 마음에서 옳지 않은 사제의 말에도 복종한다. 사고가 나면, 예배에 빠졌거나 십일조를 안 냈거나 목사님 욕을 했기 때문이라고 생각한다. 열심 있는 신도일수록 그렇다. 교회에 충성하고 열심을 내는 신도일수록 여전히 부정 타는 것을 두려워하는 수준에서 신앙생활을 하고 있는 경우가 많다. 그런 종교적 수준에서는 내면의 정화는 없고, 다만 예배에 열심히 참여하는 겉모습으로 부정한 것이 씻겨나가는 감성적인 만족이 있을 뿐이다.

사도 바울은 예수를 주님으로 고백하는 믿음을 통해서 그런 부정 타는 사고방식을 벗어난 사람이다. 바울은 사람들에게 인간의 내면의 정화와 그 인격의 성숙과 참다운 자유를 주려고 했다. 그의 그리스도 신앙은, 부정 타지 않음으로 액을 막으려는 종교와는 거리가 있었다. 그래서 종래의 정결 예식이나 음식의 부정함 같은 것은 그에게서 사라졌다. 그가 말하는 죄는 사랑하지 못하는 인간 마음의 부패를 가리키는 것이었지 부정 타는 것이 아니었다. 바울에게 문제는 하나님과의 불화, 다른 사람들과의 불화였다. 다시 말해서 선이신 하나님에 대한 인격적 사랑의 훼손, 그리고 이웃에 대한 사랑의 단절이 죄의 핵심이었다. 할례를 받느냐 안 받느냐 하는 것은 중요하지 않았다. 예배의 규정을 지켰나 안 지켰나 하는 것도 본질적인 문제가 아니라 여겼다. 병자와 노예를 부정한 존재로 보는 생각도 사라졌다. 그렇게 정함과 부정함을 중심으로 종교를 생각하던 방식이 사라졌다.

바울은 당시 다른 신들의 신전에서 제사에 쓰였던 음식을 먹는 문제에 대해 결벽증적인 반응을 보이지 않았다. 사실 당시 사람들에게 제사상의 고기는 고기를 먹을 수 있는 중요한 기회였다. 바울은 종말론적인 희망을 가지고 있었기 때문에, 신앙의 순결주의를 주장하며 다른 신에게 바친 음식을 거부하는 태도를 보일 수도 있었다. 그러나 그는, 모든 것은 하나님이 주신 것이므로 어떤 음식도 그 자체로 악한 것은 없다는 폭넓은 생각으로 간다. 마술적이고 신화적인 세계관에서 벗어나 합리적인 비신화화(非神話化) 작업이 일어난 것이다. 하나님 한 분에 대한 믿음은 우상을 아무것도 아닌 것으로 만들었다. 그러므로 우상 앞에 놓인 것도 무슨 나쁜 기운이 들어간 것으로 생각할 필요가 없게 된다. 세상에 존재하는 것은 하나님이 주신 것으로, 무엇이든 그 자체로는 좋은 것이다. 제사상에 놓인 음식물에 하나님 말고 무슨 다른 귀신의 힘이 씌어 있다는 생각을 추방했다. 꺼림칙하게 생각할 아무런 이유가 없다. 선과 악은 인간의 마음에 있지 음식물 자체에 있지 않다. "무엇이든지 그 자체로 부정한 것은 없고, 다만 부정하다고 여기는 그 사람에게는, 그것이 부정한 것입니다."(롬 14:14) 이것은 정함과 부정함의 이분법적 도식 속에 있던 고대의 마술적 종교 세계로부터의 해방을 뜻한다. 세상은 마술적인 힘을 벗고, 하나님의 피조물이요 하나님이 일하시는 선한 공간으로 거듭난다. 이로써 하늘과 땅과 대기가 깨끗해졌다. 2,000년 전에 이미 바울은 매우 중요한 비신화화를 감행했고, 종교적 신앙에 매우 합리적인 사고방식을 접목한 셈이다. 기독교 신앙은 합리성 이상이지, 비합리적인 것이 아니다.

이제 중요한 것은 인간이다. 사람의 마음이 중요하다. 어떤 음식이 문제가 아니고, 어떤 마음에서 먹느냐는 것이 중요하다. 그래서 바울은 말한다. "그러므로 여러분은 먹든지 마시든지, 무슨 일을 하든지, 모든 것을 하나님의 영광을 위하여 하십시오."(고전 10:31) 하나님의 영광을 위한 마음으로 하는 것이면 선이다. 그런 식으로 바울의 그리스도 중심주의는 인간 중심주의를 낳았다. 정하고 부정한 것은 사라지고, 선하신 하나님에 대한 사람의 믿음이 중요해졌다. "우리를 하나님 앞에 내세우는 것은 음식이 아닙니다. 음식을 먹지 않는다고 해서 손해될 것도 없고, 먹는다고 해서 이로울 것도 없습니다."(고후 8:8) 무얼 먹고 안 먹고 하는 것이 신앙에서 중요한 문제일 수 없다. 우리를 위해 돌아가신 예수 그리스도를 믿는 믿음 속에서, 이제 세상의 그 어떤 것도 그 자체로 우리에게 해를 끼치는 악한 것이 될 수 없다. 세상의 모든 것은 하나님이 좋게 쓰라고 만든 것이며, 우상 앞에 놓인 것도 부정한 것이 될 수 없다. 존재하는 모든 것은 하나님이 내신 것이므로 "모든 것이 다 깨끗합니다."(롬 14:20)

바울은 공중에 가득한 마술적 힘으로부터 인간을 해방하고, 선과 악의 문제를 인간의 마음에 두었다. 그는 부정 타는 것을 두려워하는 민중을 위협하는 종교로부터 민중을 해방했다. 그리고 자유로운 마음으로 선의 하나님과 친해지는 것을 종교의 핵심으로 삼았다. 선과 악의 문제는 공간(성전)과 시간(주일)으로 규정되는 것이 아니라, 그 속마음이 어디에 신뢰를 두고 있느냐에 따라 결정된다. 하나님에게 신뢰를 두면 선이요, 그렇지 않으면 아무리 겉으로 대단한 종교 행사를 해도 악이 된다. "믿음으로 하지 않는 것은 다 죄입니다."(롬 14:23)라고 바울은 선언한다.

4

바울을 물려받은 아우구스티누스는, "존재하는 것은 모두 선하다"는 유명한 명제를 제시했다. 그러므로 밖에 보이는 어떤 사물에는 악이 붙어 있지 않다. 악은 무슨 실체로 존재하지 않는다. 하나님보다 사물을 더 사랑하는 그 마음이 악할 뿐이다. 겉으로 보이는 것보다 인간의 속마음이 중요하다. 그것은 종교 개혁의 원리가 되어, 루터는 가톨릭의 율법주의를 비판하며 "오직 믿음으로만"을 주장하게 된다. 그는 믿음이 있으면 지푸라기를 들어도 선하다고 했다. 선과 악은 겉으로 보이는 행위가 아니라 속마음의 동기에 달려 있다. 마음을 어디에 두고 사는가 하는 것이 중요하다. 이것은 신앙을 객관적인 것에서 주관적인 것으로 바꾸는 것이다. 교회에 가는 게 신앙이 아니라, 십일조를 드리는 게 신앙이 아니라, 하나님을 믿는 믿음이 신앙이다. 교회에 가고 헌금을 드리는 행위는 하나님을 믿는 믿음을 위해서 필요한 것일 뿐이지, 그 자체가 믿음이 아니다. 루터는 그렇게 중세 교회의 교회주의를 비판했다. 마음은 돈과 권세에 가 있으면서 예배만 열심히 드리는 것을 그는 비판한 것이다.

루터는 바울이 일으킨 신앙의 비신화화를 1,500년 후에 다시 일으킨 것이다. 미신화되어 있던 당시의 교회를 개혁하기 위한 것이 종교 개혁이었다. 루터의 종교 개혁은 서구 현대 사회를 만드는 데 중요한 역할을 한다. 칸트는 교회를 비판했지만 루터의 영향을 상당히 받았다. 루터와 바울을 세속화한 철학자가 칸트라고 볼 수 있다. 그는 바울과 루터의 주관주의 또는 속마음의 이론을 이어받아 동기 윤리를 형성했다. 겉으로 도덕적인 행위를 했어도, 그 동기가 순수하지 않으면 악이라고 칸트는 말한다. 바울과 루터가 예배 행위를 두고 말한 것을, 칸트는 도덕 행위에 적용해서 말한 것이다. 계몽주의 시대의 칸트에게 예배는 이미 관심 밖이었고, 종교는 윤리를 위해 존재한다고 믿었기 때문이다.

　바울이나 루터나 칸트에게 공통된 것이 있다. 속마음을 어디에 두고 사는지를 중시했다는 것이다. 겉으로 보이는 예배나 도덕 행위의 목적이 딴 데 있으면 악이라는 것이다. 그런 예배 행위는 마음을 하나님에게 둔 것이 아니고 다른 이득에 둔 것이고, 그런 도덕 행위는 마음을 도덕법 자체에 대한 존경심에 두지 않고 행위의 결과로 얻을 이득에 둔 것이다. 그렇게 보면, 종교 개혁의 개신교나 칸트의 윤리는 굉장히 엄격한 마음가짐을 요구한 것이다. 동시에, 마음가짐만 제대로 되어 있으면 남의 눈은 그리 중요하지 않다는 쪽으로 갈 여지도 열어둔 셈이다. 바울이나 루터에 의하면 중요한 것은 내 속의 믿음이고, 칸트에 의하면 중요한 것은 내 양심이다. 내 양심에 부끄럽지 않게 살면 되는 것이지, 남의 눈치를 볼 필요가 없다. 그리하여 주관적 판단을 존중하고, 그 대신 스스로 책임을 지게 함으로 자율적 인간이 생겨나는 것이다.

5

　　　그런데 오늘날 기독교인들은 여전히 부정 타는 수준에서 신앙생활을 하는 경우가 많다. 십일조를 안 내면 벌을 받고, 주일을 어겨서 사고가 나고, 목사님 말을 안 들어서 자식이 병이 난다고 생각한다면, 그것은 성서가 이루어 놓은 해방과 성숙의 길을 거꾸로 가는 것이요, 원시 종교로 돌아가는 일이다.

이제 기독교인은 바울과 함께 어떤 악마적 힘에 대한 두려움에서 벗어나야 한다. 하늘과 땅과 시간이 모두 선하신 하나님이 일하시는 공간과 시간이다. 어떤 사물도, 어떤 질병도, 어떤 공간도 그 자체로 저주의 힘을 갖고 있지 않다. 바울은 기독교인들에게 두려움으로부터의 자유를 선사했다. 세상을 지배하는 어떤 마술적인 힘은 더 이상 존재하지 않는다. 무슨 사탄의 힘 같은 것도 사라졌다. 이제 두려워할 것은 악을 행하고자 하는 인간 자신의 마음뿐이다. 세상의 혼란과 불행은 사람의 마음이 부패했기 때문에 생긴 것이다. 그것이 창세기 타락 신화의 이야기이고, 창세기의 아담은 우리 자신을 가리킨다.

하나님 앞에서의 경외심은 바로 그 문제 때문에 가져야 하는 것이고, 그 경외심은 재앙을 당할까 두려워하는 마음과는 다르다. 하나님은 사랑이시며, 다만 우리가 하나님의 자녀로서 품위가 있기를 바라신다. 그러므로 두려움은 우리의 근본 감정이 될 수 없고, 다만 하나님의 자녀로서 죄를 짓고 품위 없이 사는 모습에 대한 죄송함이 있어야 한다. 죄의식의 본질은 죄송함이다. 사랑이신 하나님에 대한 감사와 죄송한 마음이 합해진 것이 경외심이다. 경외심은 재앙에 대한 두려움과는 근본이 전혀 다르다. 그래서 기독교 신앙은 원시종교와는 근본이 다른 것이다.

믿음과 행위

마르틴 루터는 믿음을 강조함으로써 행위보다는 행위의 동기를 더 중시했다. 종교 개혁 당시에 루터가 공격 목표로 삼은 것은 종교 행위였다. 겉으로 보이는 종교 행위보다 무슨 맘으로 그런 행위를 하고 있느냐는 것이 더 중요하다고 그는 주장했다. 칼뱅이나 루터 같은 종교개혁자들에게는 이미, 예배나 기도 그리고 헌금 등의 종교 행위는 별로 큰 구속력을 가질 수 없었다. 그 마음속에 진정으로 하나님을 기쁘시게 하고 하나님께 영광을 돌리고자 하는 마음과 확신이 있느냐가 중요했다. 그렇지 않으면 기독교는 하나님과 관계가 없는 위선적인 제도 종교로 전락한다고 그들은 보았다.

종교 개혁의 결과로 믿음은 객관적인 것이 아니고 주관적인 것으로 바뀌게 되었고, 권위의 중심이 교회로부터 개인에게로 옮겨졌다. 사실, 이런 변화는 종교 개혁이 서양의 근대를 여는 데 얼마나 중요한 역할을 했는지를 알게 한다. 서양의 민주주의는 개인의 권위가 없이는 불가능했다. 그리고 바깥에서 주어지는 율법으로부터 개인의 양심이 해방되지 않으면 불가능한 것이었다. 종교적인 사회에서는 종교의 변화가 사회 변화에 중요한 영향을 미친다. 물론 종교 개혁은 르네상스 이후 서구사회의 변화를 반영하는 것이기도 하지만, 사회가 결정적으로 바뀌는 데는 종교의 변화가 필요했던 것이다. 많은 대중이 종교의 권위에 매달려 있었기 때문이다.

천 년 이상 군림해온 교회의 권위를 가차 없이 심판대에 올리고, 개인과 하나님과의 관계에서 모든 것을 말하고자 했던 것이 루터를 비롯한 종교 개혁자들의 위대한 혁명이었다. 만인 사제설, 새로운 직업개념, 평등한 시간과 공간 개념 등은 인간과 세계에 대한 새로운 인식을 산출했으며, 그것이 서양 사회가 근대화되는 데 엄청난 변화를 준 것은 두말할 나위가 없다. 인간 평등은 시간과 공간이 균질화된 결과라고 할 수 있다. 주일만 성스러운 시간이 아니라 평일도 성스러운 시간이고, 교회만 성스러운 공간이 아니라 일터와 가정도 성스러운 공간이 되었다. 시간과 공간이 평등해지는 것은 사제와 평신도가 평등해지는 것이요, 그것은 직업의 평등함으로 이어지고, 인간 평등으로 이어진다.

2

루터의 종교 개혁은 자기 수양의 문제에서도 큰 공헌을 했다. 루터가 믿음만 강조하기 때문에 자기 수양과는 전혀 관계가 없다고 생각하는 것은 잘못이다. 오히려 내면의 성실함 없이 요란하게 종교의식에 붙잡혀 있던 당대의 풍조를 개탄하며 강조한 것이 '오직 믿음으로만'이었다. 예배와 기도보다 속에 정말 믿음이 있느냐 없느냐가 더 중요하다고 한 것이다. 겉으로 보이는 행위보다 무슨 맘으로 하느냐가 더 중요하다고 본 루터 신학의 의미는, 인간을 바깥의 규율로부터 해방시킨 데 있다. 그것을 흔히 율법주의로부터의 해방이라고 한다. 루터 신학은 칸트에게 영향을 주어 「실천이성비판」이라고 하는 윤리학이 등장하는데, 이는 겉으로 보이는 행위보다 속마음의 동기를 중시하는 윤리이론이다. 겉으로 도덕적이라 할지라도 속마음이 도덕법에 대한 존중심에서 행하지 않으면 순수하게 도덕적일 수 없다는 것이 칸트의 주장이다. 그것은 겉으로 신앙적인 행위를 할지라도 그 마음의 중심이 하나님에게 가 있지 않으면 신앙이 아니라고 본 루터의 영향을 받은 것이다. 루터의 신앙을 세속화한 것이 칸트의 윤리이다. 루터는 하나님에 대한 믿음으로 행할 때는 어떤 일을 해도 선하다고 보았다. 믿음을 가지고 하면 밥을 먹는 것이나 예배를 드리는 것이나 서로 다를 바가 없다. 믿음이 있으면 모든 상황을 차별 없이 동등하게 대할 수 있다. 그러한 루터의 주장은, 일이관지(一以貫之)를 말한 공자와 다양한 상황을 관통할 하나의 태극(太極)을 찾아 나선 주희의 성리학과도 일맥상통하는 측면이 있다. 다만, 루터에게는 하나님이 있었다. 그가 말한 하나님과의 관계는 사랑으로 표현되는데, 그것은 칸트가 말한 도덕법에 대한 존중심보다 더 밀도 있는 관계를 요구한 것이었고, 거기에는 성리학에서 말한 태극에는 없는 하나님의 은혜가 있다. 그리하여 진리와 더 밀도 있고 살아 있는 관계를 유지하게 된다.

그 문제에서 성리학은 도(道)와의 살아 있는 관계가 대중에게 어렵다고 보고, 예(禮)를 강조함으로써 객관적인 규범을 통해 대중을 교육하려고 했었다. 그리고 그 점은 중세 가톨릭도 마찬가지였다. 목회의 필요 때문에 또는 교육적 효과 때문에 많은 교회법을 만들고, 규범을 가지고 신도들의 신앙을 선도하고 일상생활을 규제하려고 했던 것이 중세 교회였다. 그러나 루터는, 아무도 내게 명령할 수 없음을 확립했다. 명령은 나의 내면에서 하나님과의 관계에서만 발생한다고 본 것이다. 그리하여 권위의 중심을 교회로부터 그리스도인 개인에게로 옮겨 놓았다. 그것은 개인의 자율성이 사회의 질서를 파괴하지 않을 것이라는 시대적 신념을 반영하는 것이라고도 할 수 있다. 그러나 그런 혁명을 일으킨 루터 개인이 가장 강조하고 싶었던 것은, 기독교인이 더 분명하게 하나님에 대한 경외심에서 살아야 한다는 것이었다. 루터의 종교 개혁은, 많은 규범을 통해 대중을 교육하려고 했던 가톨릭보다 더 철저한 신앙을 요구한 것이다. 그것은 자기 수양의 문제와 밀접하게 연관이 있었다.

사람들은 루터가 믿음만 강조해서 선행을 무시한다고 비판했다. 그러나 루터가 말한 것은, 선행의 근원이 되는 마음의 문제를 말한 것이었다. 마음이 깨끗해야 선행이 나온다는 말이다. 다시 말해서 루터는 선행이 나오는 그 수원지를 정화하려고 했던 것이다. 교회가 서로 올려주고 추어주고 권면하고 했던 선행이라는 것이, 알고 보면 하나님에 대한 관심이 아니라 교회에 대한 관심 곧 자기이득에 대한 관심에서 나온 것이라고 루터는 보았다. 그래서 루터는 교회가 우상숭배에 빠져 있다고 보았다. 루터가 말한 우상숭배는 다른 게 아니다. 세상에서 남보다 더 잘 살기 위해 하나님 이름을 걸고 예배드리고 기도하고 헌금하는 것이 우상숭배이다. 그것은 모두 믿음이 아니라 탐욕에서 나온 것이다. 벌 받을까 봐 두려워서 교회에 가는 것 역시 루터는 미신으로 보았다. 루터의 종교 개혁은, 종교적 위협과 위선이 가져오는 미신으로부터 해방되기 위해 마음 밭을 새롭게 하고자 한 것이며, 그래야 진정으로 선한 것이 나온다고 보았던 것이다. 그처럼 마음 밭을 중시하는 것은 자기 수양의 문제로 갈 수밖에 없었다. 루터가 예배나 헌금이나 기도 같은 종교 행위보다 믿음을 강조한 것은, 어떤 면에서 자기 수양의 기독교를 만들고자 한 것이다.

3

믿음에 대한 강조가 선행을 무시한다고 하는 비판을 반박하기 위해 마르틴 루터는 1520년에 「선행에 관한 논문」을 썼다. 이 논문은 십계명을 해석한 것인데, 믿음을 강조하는 그의 관점이 여기에도 그대로 관철된다. 다섯 번째 계명, 곧 부모를 공경하라고 하는 계명에 대한 루터의 해석을 보자.

공경이라고 하는 것은 자녀가 부모에게 해야 할 선행임이 분명하다. 그래서 이 계명을 흔히 효의 관점에서 해석하지만, 루터는 오히려 부모의 의무를 강조한다. 자녀의 공경을 받으려면, 부모가 자녀에게 제대로 가르쳐야 한다는 점을 그는 강조하고 있다. 그러니까 자녀가 부모에게 선행을 하는 문제보다도, 부모가 자녀에게 제대로 선행을 하느냐는 것이 루터에게는 중요했다. 자녀는 부모에게 양육 받은 대로 하기 때문에, 부모가 자녀에게 선행을 하지 않고서 자녀가 부모에게 선행을 하기를 기대할 수는 없다는 것이다.

그렇다면 부모가 자녀에게 할 선행이란 무엇인가? 부모는 자녀의 몸과 영혼을 지켜야 한다. 그것은, 자녀들이 "세상의 즐거움, 사랑, 향락, 재물, 명예 등에 불타지 않게 하는 것"이며 "하나님을 신뢰하고 믿고 두려워하는 것을 배우게 하는 것"이다.[1] 나아가 루터는 "자녀들로 하여금 현세적인 것을 경멸하고…… 죽음을 두려워하지 않고 이생을 사랑하지 않는 것을 배우게" 해야 한다고 말한다. 부모가 자녀에게 베풀어야 할 선행, 곧 좋은 말과 행위의 내용이 그렇다. 이처럼 자식에게 제대로 가르치는 일이야말로 인간이 인간에 대해서 해야 할 가장 중요한 일이고, 그런 면에서 부모의 역할은 인간이 이 세상에서 갖는 어떤 역할보다 기본적이고 중요한 역할이다. 한 인간이 이 땅에 헐벗은 상태로 태어나서 부모로부터 세상을 배우기 때문이다. 자녀의 영혼이야말로 주린 자, 목마른 자, 헐벗은 자, 갇힌 자, 병든 자, 나그네 된 자(마 25:35)라고 루터는 말한다. 부모는 자녀에게 해야 할 선행이 많다. 루터의 말대로라면 사람은 가장 중요한 것을 부모로부터 받고, 부모로서 준다. 부모의 역할이 그처럼 중요하기 때문에, 열 개의 계명 중에서 하나님과 관련된 종교적 계명이 나온 이후에, 인간관계를 규율하는 계명으로는 첫 번째로 부모 공경의 문제가 나왔다.

물론 자녀에게 세상의 재물과 명예에 불타지 않도록 가르치라고 해서, 그런 것들이 필요 없다는 말은 아니다. 루터는 세상에서 사는 데 돈도 필요

---

[1] 이 글에서 따옴표 안의 문장은 모두 루터의 글에서 인용한 것임.

하고 집도 필요하고 먹을 것도 필요하다는 것을 안다. 그리고 필요 이상의 재물을 탐하지 않고는 이승의 삶을 제대로 살 수 없다는 것 역시 안다. 다만, 그처럼 세상에 휩쓸려 세상의 뜻을 따라 탐심을 가지고 살 수밖에 없는 현실을 매우 슬프게 여기도록 가르쳐야 한다고 루터는 말하는 것이다. 그러면 혼탁한 세상 가운데서도 그 마음의 중심은 하나님에게 있고, 차츰 세상의 명예와 재물에 대한 관심에서 멀어져 자유로운 그리스도인이 된다고 보았던 것이다. 그러한 자녀 교육은 한 사람을 구원받게 하는 데 매우 중요한 문제라고 루터는 생각했다.

물론 현실은 전혀 그렇지 않다는 것 역시 루터는 알고 있었다. 부모들은 "세상적인 명예와 향락과 재물을 위하여 자녀들을 훈련시켜서 그들로 하여금 수단과 방법을 다하여 인간들을 즐겁게 하고 높은 지위에 이르게 하고, 아이들은 이것을 좋아하며 아무런 반항도 없이 매우 기쁘게 복종한다." 이것은 부모가 자녀를 멸망의 구렁텅이에 빠뜨리는 일이요, 친자식을 우상에게 희생제물로 바쳐서 불태워 죽인 므낫세 왕(왕하 21)과 다름이 없다고 루터는 고발한다. 그런 상태에서 아무리 교회를 찾아가 기도하고, 금식하며 기도해도 그것은 그리스도인이 할 일은 아니다. 완전히 앞뒤가 바뀐 것이기 때문이다. 교회로 어디로 분주하게 다니며 기도한다고 해도, 하나님의 영광을 위해 하는 것이 아니라 자식의 영광을 위해서 하는 것이요, 결국 세상의 부귀영화에 관심이 있어 하는 것이기 때문이다. 그런 부지런한 종교 행위는, "하나님께서 그 몸과 영혼을 지키라고 명령하신 자들(집의 자녀들)은 버려두고, 그에게 명령하지도 않은 다른 어떤 곳(교회, 성소)에서 하나님을 섬기려고" 하는 것이다. 그런 문제들을 지적하는 종교인이 하나도 없다. "하나님께서는 이러한 무지를 딱하게 여기신다."

4

이런 현실은 어디서 비롯되었는가? 루터는 결국 부모가 신앙이 없어서 그런다고 본다. 십계명 중에서 앞의 네 계명, 곧 하나님을 섬기는 신앙의 계명과 관련해서 루터는 이미 믿음 없이 하는 것은 모두 우상숭배라고 규정했다. 그는 "행위의 시장"을 고발했다. 교회가 인간의 욕망이 거래되는 종교 행위의 시장바닥이 되고 있는 것을 비판한 것이다. "불쌍한 민중들은 교회를 세우고, 희사하고 증여하고 기도하도록 지도를 받으면서", 그런 것을 신앙으로 생각하는 현실을 루터는 안타까워하고 있다. 하나님의 이름을 그런 데다 갖다 붙이는 것은, 하나님의 이름을 망령되이 일컫는 것으로 해석했다. 루터가 볼 때 그런 분주한 종교 행위들을 강조하는 것은, 믿음을 갖지 않기 위한 구실을 찾는 것이었다. 믿음이 있으면 지푸라기를 드는 행위나, 밥을 먹는 행위나, 예배를 보는 행위나 차이가 없다. 그런데 믿음이 없을 때 유별나게 종교 행위를 강조하며 그런 행위로 불신앙을 가장하고자 한다.

그런 신앙생활을 하는 부모들이 어떻게 자녀를 제대로 가르칠 수 있겠는가? 그들의 마음의 중심에는 하나님이 아니라 교회가 있고 하나님의 영광이 아니라 재물의 영광이 있기 때문에, 교회를 열심히 다니면서 자녀의 축복은 빌 줄 알아도 하나님의 축복은 빌 줄을 모른다. 루터는 이런 현상이 본능적이고 자연적인 사랑에서 나오는 것인 줄을 잘 안다. 그러므로 루터는 부모의 본능을 경계한다. 본능적인 사랑은 물질 숭배를 가져오기 때문이다. 하나님에 대한 믿음에서 나오는 사랑과 본능적 사랑은 다르다. 부모는 자식을 자기 앞에 두지 말고, 하나님 앞에 두어야 한다. 그랬을 때, 세상의 욕망을 자식에게 투사하지 않고 그의 영혼을 올바르게 인도할 수 있다. 그리고 그랬을 때 자식은 비로소 커서 부모를 제대로 공경할 수 있다.

결국 루터는 다섯 번째 계명을 가지고, 오히려 부모의 의무를 강조하고 있다. "공경 받으려면, 공경 받을 만하게 하라." 루터의 주장이 너무 혹독하게 여겨질 수도 있다. 루터 역시, 자기가 말하는 참된 그리스도인은 찾아보기 힘들다고 개탄하고 있다. 그처럼 찾아보기 힘든 것을 표준삼아 말하는 것은 현실과 맞지 않는 이야기가 아닐까? 그러나 어떤 면에서 기독교 신앙이라는 것의 존재 이유가 현실과 맞지 않는 데 있는 것 아닐까?

수도와 전도

퇴계 이황(1501~1570)과 고봉 기대승(1527~1572)이 벌인 사단칠정(四端七情) 논쟁은 조선시대 수백 년간 가장 중요한 논쟁이었다. 그 이론의 깊이는 적어도 그 분야에서는 세계에서 으뜸가는 수준이다. 물론 논쟁을 벌였다고 해서 오늘날처럼 서로 얼굴을 마주보며 진행한 것은 아니고, 서로 멀리 떨어진 채 서신을 주고받으며 벌인 것이었다. 사단칠정 문제에 대해 퇴계가 고봉에게 보낸 첫 편지가 1559년에 쓴 것이고, 그 이후 대개 8년 동안 같은 주제로 논의를 주고받았다고 하는데, 퇴계가 죽은 해인 1570년에 고봉에게 보낸 편지에도 매우 중요한 이론적 언급이 있는 것으로 보면, 사단칠정 논쟁은 10년 넘게 계속되었다고도 할 수 있을 것 같다. 글을 교환한 논쟁이라 논조가 대체로 점잖게 보이는 가운데서도, 젊은 고봉은 이미 조선의 최고 유학자로 명성이 나 있는 퇴계에 대해 매우 당차게 자기주장을 펼치고 퇴계의 견해를 조목조목 반박하며 끝까지 자기 생각을 굽히지 않는다. 젊은이의 패기랄까? 논쟁이 시작된 시기는 고봉이 30대 초반인 반면에 퇴계가 60이 다 된 나이였으니, 아들보다도 어린 나이의 학자와 오랜 기간 논쟁을 진행한 퇴계의 인품이 돋보인다. 퇴계는 고봉의 주장에 대해 성실히 검토하면서, 서로 어긋나는 지점에 대해서 겸손하지만 분명하게 자신의 주장을 가다듬어 나갔다.

논쟁을 진행하면서 퇴계는 자신의 학설을 좀 더 정교하게 다듬을 수 있었고, 몇 가지 매우 중요하고 독창적인 이론을 내놓을 수 있었으며, 그의 주장은 영남을 중심으로 한 남인 학파의 핵심적 세계관으로 자리 잡게 된다. 한편 율곡은 퇴계를 비판하고 기대승의 견해를 받아들이며, 이후에 송시열에 이르기까지 경기도와 충청도를 중심으로 한 서인 학파의 중요한 철학적 관점을 세우게 된다. 조선 중기 이후 나라가 망할 때까지 몇 백 년 동안 정권을 잡았던 세력은 서인이었으니, 결국 현실에서는 기대승의 사상이 빛을 보았다고 할 수 있을지 모른다. 그것은 당쟁이라는 정치 현실에서의 힘 싸움의 결과일 수도 있겠지만, 학문 자체의 경향 때문이라고도 할 수 있다. 퇴계의 이론은 매우 종교적이어서 하늘의 뜻을 모시고 순수한 선을 실현하는 데 초점이 맞추어져 있었으므로, 손에 때를 묻혀야 하는 정치 현실에 대한 참여가 소극적일 수 있다. 뭘 해보려고 하다가도 신의에 어긋나는 일을 해야 될 지경에 처하면 손을 털고 뒤로 물러나며 자리에 연연하지 않아야 한다. 반면에 선의 실현이란 현실 속에서만 가능하다는 논리가 고봉이나 율곡의 주장 뒤에 숨어 있는 신념이었으므로, 그들의 정치 참여는 더 적극적일 수밖에 없었을 것 같다. 현실에서는 이룰 수 없는 순선을 추구하기보다 상대적 선이 더 귀하다고 고봉과 율곡은 생각했을 것이다.

2

　　원래 유학의 이념은 내성외왕(內聖外王)이어서, 안으로
는 자유인이 되기 위해 자기 수양을 거듭하여 맑은 마음을 유지하고, 밖으
로는 언제든 세상을 유익하게 하기 위한 정치를 베풀 준비가 되어 있어야
하는 것이다. 그러니까 유학은 인문학이요 철학이지만 자기 수양을 위한
실천 학문이고, 동시에 세상을 바르게 하는 데 궁극 목적이 있는 점에서도
실천 학문이다. 그러므로 퇴계와 고봉의 철학적 논쟁은 흔히 생각하듯 따
분한 관념의 유희가 아니라, 자기 수양의 방법론의 차이를 보인 것이요, 정
치 세계에 대한 개혁의 방향을 제시하는 문제에서 차이를 보인 매우 현실
적인 논쟁이라고 할 수 있다. 다만 유학이 생각하는 정치인은 반드시 먼저
내면의 도덕성을 갖춘 사람이어야 했기 때문에, 내면의 선을 이루는 방법
에 대해서 논쟁을 벌였고, 거기서 견해의 차이를 보이는 바람에 인간의 마
음 씀씀이와 감정의 발로에 대한 세밀한 이론들이 등장했던 것이다. 이해
관계를 적절히 조정하는 것을 정치로 보는 서양 정치학의 관점에서 보면,
내면의 도덕성을 놓고 논쟁을 벌이는 것은 이해할 수 없는 일이지만, 정치
는 하늘의 도에 의해서 이루어져야 한다고 생각한 조선의 정치학에서 퇴계
와 고봉의 논쟁은 매우 중요한 것이었다.
　　여하튼 퇴계의 경우에도 현실 참여를 배제하는 학문은 처음부터 생각
할 수 없는 것이었다. 다만 철저한 현실 개혁을 위해서는 현실의 악과 싸워
이길 수 있어야 하고, 그러려면 깨끗한 마음으로 무장하여야 한다고 생각
한 것 같다. 말하자면 선으로 악을 이겨야 하는 것이다. 선으로만 악을 이

길 수 있다고 본 것이다. 철저하게 사심이 없을 때만이, 온통 개인적 이득을 놓고 진흙탕 싸움을 벌이는 현실을 이길 수 있다. 그처럼 사심을 배제하기 위한 자기 수양의 방법은, 자기를 비우고 하늘의 뜻이 스스로 자기 일을 하게 하는 것이다. 오늘날까지 그 의미에 대한 탐구가 진행되고 있는 퇴계의 독특한 주장인 이발(理發)이라는 것은, 선의 실현이란 천리(天理)가 발현한 것이라는 주장이다. 그것은, 선을 하늘이 이루게 하는 것이다. 말하자면 하늘의 덕이 내 마음을 통해 스스로 자기 일을 하게 하는 것이다. 나는 하늘이 하시는 일을 방해하지 않고, 마음을 비워 하늘이 뜻한 바를 이루도록 길을 열어드리면 된다. 퇴계가 이른바 '경'(敬)을 중시한 것도 그처럼 자기를 비우는 과정에서 나온 것이다. 그는 나라가 바로 되는 일에서 관심을 끊은 적이 없지만, 경건한 마음으로 호젓하게 하늘을 모시고 사는 일을 방해받으면서까지 나랏일에 관여하고 싶어 하지는 않았다. 나를 온전하게 하는 일은 나의 의무요, 나랏일을 하는 것은 기회가 주어지면 하면 될 일이다. 세상이 탁하여 의를 볼 수 없을 때는 하늘과 자연과 교감하며 사는 삶으로도 세상에 대한 책임을 다하는 것이라고 생각한 것 같다.

3

　　우리는 이와 같은 퇴계의 사상이 얼마나 종교적인지 짐작할 수 있다. 철저하게 선한 마음으로만 세상의 악을 이겨 세상을 바로 잡을 수 있다는 생각, 그처럼 선하기 위해서는 내가 하지 않고 하늘이 하게 해야 한다는 생각, 그래서 하늘과의 관계를 바르게 해야 세상과의 관계가 바르게 될 수 있다는 생각, 내가 스스로 나로부터 자유로울 때 세상의 폭력에 대해 맞대응하지 않고 자유로울 수 있다는 생각이 그렇다. 퇴계는 우주의 근본적인 힘에 대한 믿음이 있었다. 성리학에서는 우주와 마음 바탕에 새겨진 덕으로 인의예지신(仁義禮智信)을 말하는데, 신(信) 곧 믿음이 인의예지 네 가지 덕을 떠받드는 기둥이다. 그것은 어떤 근원적인 선한 힘이 세상을 낳고 움직인다는 믿음이다. 그러한 믿음에서 퇴계는 홀로 있으면서도 세상을 꿰뚫어 보고, 세상을 짊어지고, 선한 싸움을 싸울 수 있었던 것이다.

　우리는 종교 개혁자 마르틴 루터가 믿음이야말로 인간이 할 수 있는 일 중에 가장 큰일이라고 한 말을 기억한다. 그는 믿음을 무슨 일을 하기 위한 전제로 보지 않고 일 그 자체로 보았다. 믿음을 가지고 있는 사람은 그가 무슨 일을 하든지 매우 큰일을 하고 있는 것이다. 그는 하나님이 바라는 일을 하고 있기 때문이다. 그래서 루터는 믿음에서 나와 하는 일이면 지푸라기를 들어도 선하다고 했다. 말하자면 그는 기독교인이 꼭 세상에 분주하게 뛰어다니며 무슨 일을 해야 하는 것이 아니고, 하나님과의 관계를 바로 하는 것이야말로 가장 중요한 일이며, 그런 사람은 무슨 일을 하든지 상관없이 자신과 주변에 덕이 될 것이라 생각했다. 그런 생각을 한 루터는 세상에 대해 약간 거리를 두고 영적인 자유를 매우 중시했다. 퇴계는 루터처럼 세상과 인간이 매우 악하게 돌아가는 현실을 보았다. 그는 이기심으로 얼룩진 기질지성(氣質之性)을 인간 본성의 하나로 보았다. 전통적으로 유학에서는 맹자의 성선설을 따라 인간이 본래 선하다고 보는 인문주의 전통을 유지했다. 그것은 성리학에서 본연지성(本然之性)이라는 말로 표현되었다.

그러나 주희는 인간의 악한 모습이 만만치 않음을 고려해서 기질지성이라는 말을 사용하였는데, 퇴계는 주희보다 더 나가 기질지성이 마치 인간의 본성처럼 자리 잡고 있다고 생각했다. 인간의 본래 타고난 성품, 곧 본연의 성은 선하지만 세상에 살면서 남을 이겨야 산다는 생각과 경험이 쌓여 인간의 본능을 형성한다고 보았다. 말하자면 퇴계는 인간의 뿌리 깊은 죄를 본 것이다. 그래서 그는 바울이나 루터와 비슷하게, 인간이 선이 무언지 잘 알지 못하고 알아도 행하지 않는다고 말했다. 그 점에서 인간에 대해 낙관적인 입장에서 지행합일(知行合一)을 주장한 왕양명(王陽明)을 비판했다. 퇴계가 양명학을 비판한 내용이 그렇다. 인간의 죄를 깊이 있게 들여다 본 퇴계에게 선을 행할 수 있는 길은 인간의 주체성을 어느 정도 양보하고 하늘의 도가 내 마음에서 스스로를 실현하게 하는 길밖에 없었다. 나중에 퇴계 학파인 성호 이익의 문하에서 천주교를 받아들이는 사람들이 나온 것도 우연이 아니다. 정약용도 그 중의 하나다.

4

　　오늘날 기독교인들은 서양의 정치학과 경제학의 논리 속에서 이기심을 실현하며 산다. 이기심이 충돌하여 폭력으로 가지 않도록 적절히 조정하는 것을 미덕으로 생각하는 서양의 근대 정치철학은 기독교적인 사랑의 요구를 정치 원리에서 배척하며 형성된 것이다. 너무 높은 덕을 요구하는 것은 인간에게 억압이 된다고 생각한 것인데, 그런 생각은 서양 사회를 세속화하면서 민주주의와 자본주의가 형성되는 데 이바지했다. 아마 기독교는 그러한 근대적 휴머니즘의 공헌을 인정해야 할 것이다. 동시에 휴머니즘 이상의 원리를 가지고 자기 정체성을 찾아야 할 것이다. 휴머니즘을 인본주의라고 배척해서는 안 되고, 휴머니즘에서 말하는 인간의 존엄성과 정의의 원리를 받아들여야 한다. 동시에 그 이상을 말할 수 있어야 하는데, 그 이상의 원리란 죄의식과 회개의 정신일 것이다. 근대적 휴머니즘에서 도덕은 하늘과의 관계에서 수직적으로 형성되지 않고, 인간 사이에서 수평적으로 형성된다. 종교적인 죄의식은 사라지고, 일반적 도덕 감정에 어긋나는 것만 중요하게 되었다. 일반적 도덕 감정에서는, 남이 다 하는 일을 하는 것은 양심에 어긋나지 않다고 본다. 그래서 사람을 편안하게 해준다. 거기에 비하면 기독교는 원래 하나님 앞에서의 죄와 그 죄인에 대한 하나님의 사랑을 말하기 때문에, 결과적으로 매우 높은 도덕성의 요청이 따른다. 이게 너무 힘드니까 중세에는 사제 계급만 그런 도덕성을 추구하는 것으로 하고, 일반인들은 편안하게 살도록 했다. 그것은 결과적으로 사제와 평신도를 차별하는 기준이 되었는데, 종교 개혁자들은 그런 구분을 없애고 누구나 그리스도의 계명에 따라 살 것을 요구했던 것이다.

기독교는 도덕성을 추구한 종교가 아니지만, 그 믿음으로 말미암아 높은 도덕성이 따라다니게 되었다고 할 수 있을 것이다. 로마에 대한 기독교의 우월성이 거기에 있었다는 것은 교부들의 글에서도 잘 드러나 있다. 그러나 오늘날 기독교인들은 로마와 충돌했던 그리스도의 법보다는 로마법에 따라 산다. 그 결과, 세상이 돌아가는 원리에 대한 근본적인 비판 의식을 상실한 채, 그 원리에 따라 자신의 욕망을 실현하면서 만족스럽게 산다. 한편으로 인문주의를 비판하면서 실제로는 인문주의가 마련한 삶의 원리를 추종하거나, 또는 인문주의에 들어 있는 자기 수양의 깊이는 모른 채 욕망에 따라 산다. 죄의식이 사라진 결과 기독교인에게 자기 수양의 문제는 더 이상 중요하지 않게 되었다. 자기 안으로 들어가 죄인으로 하나님 앞에 서는 것을 회피한다. 수양의 효과가 없는 신앙은 가벼워지고, 가벼워진 종교는 인간의 본능적 욕망의 실현만 중요하게 된다.

5

조선의 성리학자들은 세상 현실 속의 직업인이기 전에 도학자가 되고자 했다. 그들은 낮에는 궁에 나가 정무를 보지만, 저녁에는 인왕산이나 북악산 기슭에 있는 집으로 돌아와 물소리를 들으며 하늘의 도를 추구했다. 율곡의 친구인 구봉 송익필(宋翼弼, 1534~1599)과 우계 성혼(成渾, 1535~1598)이 백악산, 곧 지금의 북악산 밑에서 살았고, 송강 정철은 인왕산 밑의 옥인동에서 살았으며, 율곡 학파의 2~3세대인 김상헌과 그의 형 김상용도 지금의 궁정동인 장동에서 살았다. 진경화가로 유명한 겸재 정선(鄭歚, 1676~1759)의 집 주소는 정확히 한도 북부 순화방 창의리 인왕곡이었다. 지금의 옥인동이다. 지금은 높은 집들이 많고 땅을 깎아 도로를 내었기 때문에 집터가 평지처럼 보이기도 하지만, 당시에는 창의리 일대의 순화방 내 장동이나 유란동(지금의 청운동) 그리고 옥인동이 모두 산기슭이다. 말하자면 띄엄띄엄 숲 속에 집을 짓고 살았던 셈이다. 겸재 정선의 한양진경 화첩에 나온 그림을 보면, 당시 양반들의 집이 산과 숲 속에 있었음을 알 수 있다. 그들은 집을 짓고 유거정사(幽居精舍)라는 택호를 즐겨 붙였다. 정선의 집 이름은 인왕산 계곡의 외딴집이란 뜻의 인곡유거(仁谷幽居) 또는 인곡정사(仁谷精舍)였고, 그의 스승 삼연 김창흡(金昌翕, 1653~1722)이 태어난 곳은 산기슭의 외딴 집이란 뜻의 악록유거(岳麓幽居)다. 유거란 말은 마을과 멀리 떨어진 외딴 집이란 뜻이고, 정사란 말은 심신을 연마하는 곳이라는 뜻이다. 낮에 관청에 나가 세속적인 일을 하고 머리를 쓰지만, 저녁에는 집에 돌아가 탈속한 삶을 살며 그 마음을 깨끗게 한다는 성리학의 기본 정치철학을 집 이름에서도 알 수 있다. 그들의 정신세계는, 사심을 버리고 하늘의 뜻에 복종해 영적인 힘으로 물질세계를 다스리려는 종교적 사고방식과 유사했던 것이다.

그들의 생각에 중대한 한계가 없는 것은 아니지만, 오늘날 하나님의 뜻을 중시 여기며 그리스도의 법을 따라 살기를 원하는 기독교인들이 소중하게 생각할 우리 전통의 한 가지 모습인 것만은 분명한 것 같다. 특히 수도(修道)할 줄 모르고 전도(傳道)만 강조하는 교회주의에 익숙한 한국 기독교인들에게 의미 있는 전통이라고 할 수 있다.

세 가지의
화해

기독교에서 구원을 표시하는 말 중에는 화해라는 말이 있다. 구원이란 삶의 곤궁에서 벗어나는 것을 가리키는데, 궁극적인 해결책으로 찾은 말이 화해이다. 바울은 로마서에서, 그리스도의 죽음으로 하나님과 화해되었으므로 구원받았다고 선언하고 있다. 화해란 말 그대로 싸움을 그치고 손을 마주 잡으며, 관계가 회복되는 것이다. 구원을 교통이라는 말로 표현하기도 하는데, 교통이란 것도 말이 통하는 것이니 관계 회복이나 화해를 가리키는 말이다. 교회의 정의는 사도신경에 있는 대로 성도의 교통(communio sanctorum)이니, 교회란 화해가 일어나는 구원의 자리라는 말이다.

구원을 가리키는 화해에 세 단계가 있다. 화해의 문제에서 인문학과 사회과학 그리고 정신분석학이 각기 자기 역할을 하고 있다. 기독교에서 말하는 하나님과의 화해는 일반 학문이 말하는 세 가지 화해를 포함하는 것이다.

인문학에서 추구한 화해 – 이웃과의 화해 인문학이 목표로 한 화해는 이웃과의 화해이다. 플라톤이나 공자는 평화로운 세상을 만드는 데 관심이 있었고, 그것은 결국 공동체 구성원들의 관계를 사랑과 정의로 재정립하는 문제로 귀결되었다. 플라톤의 이데아론은 「국가」에서 정의로운 국가를 위한 논의의 과정에 정립되었다. 그는 옳음(정의)과 아름다움을 포함한 좋음의 이데아를 보고 관조하는 사람 곧 깨달은 사람이 정치를 해야 한다고 주장했다. 공자가 기초한 유학은 치국평천하(治國平天下)에 궁극적 관심이 있었으니, 내면의 자기 수양도 결국은 세상을 평화롭게 하려는 것이 목표였다. 그처럼 인문주의의 출발에는 정치적 관심이 있었다.

이것은 힘으로 세상을 평화롭게 하지 않고 마음의 자기 수양을 통해 세상에 평화를 건설하려고 했다는 점에서 인문주의라고 할 수 있다. 인문주의란, 인간이 세상의 주인이 되는 것인데 인간이 세상의 주인이 되기 위해서 먼저 자기의 주인이 되어야 한다고 생각했다. 그래서 외부의 정치적 관심은 내면의 자기 수양으로 발전하게 된 것이다. 플라톤은 제사를 받는 신들에 더 이상 관심이 없었고, 인간이면 누구에게나 있는 이성을 통한 성찰에 관심을 두었다. 영원한 진리에 대한 관조와 거기서 생기는 선한 힘으로 세상을 평화롭게 하고자 했다.

문명의 전환이란 주제의 전환을 의미하는데, 인문주의자들은 신과 자연으로부터 인간에게로 생각의 주제를 바꾸었던 것이다. 공자는 괴력난신(怪

力亂神)에 대해서는 일체 말하지 않았는데, 그것은 공자의 관심이 신이 아니라 인간에게 있었음을 알려준다. 괴력난신의 반대는 상덕치인(常德治仁)이다. 괴(怪)는 괴상한 일이니 그 반대는 상(常), 곧 일상의 일이다. 그는 신이 들렸다거나 동물이나 자연 사물과 말이 통한다거나 하는 등의 이상한 현상에 눈을 팔기보다, 일상생활을 바르게 하는 데 관심을 가져야 한다고 생각했다. 력(力)은 힘을 가리키는데, 그 반대는 덕(德)이다. 공자는 힘 대신에 덕으로 문제를 풀어가야 한다고 보았다. 난(亂)은 통제할 수 없음을 가리키는데 그 반대는 치(治), 곧 다스림이다. 공자는 인간이 어지러운 세상을 다스리고 치리하는 것을 주제로 삼아 가르쳤다. 신(神)은 귀신 또는 자연신을 가리키는 것인데 그 반대는 인(人), 곧 사람이다. 공자는 신에 대해서 관심이 없었고 다만 인간이 이룩할 일에 대해 관심을 두었다. 결국 플라톤처럼 공자도 인간이 덕을 가지고 자연과 일상생활을 질서 있게 다스려 평화로운 세상을 만들고자 했던 것이다.

한편, 근대 이후의 사회과학에서는 이웃과의 화해를 위해서 구조 악에 관심을 두었다. 내면으로 들어가 자기 욕망을 다스리는 것보다, 밖에서 일어나는 이해관계의 충돌을 공평하게 처리하는 데 더 집중하기 시작했던 것이다. 거기서 악은 구조의 문제가 된다. 잘못된 구조 속에서 개인들은 자기가 죄 짓는다는 의식 없이 남을 억압하고, 억압당하는 사람들도 고통을 당연하게 감수한다. 개인의 도덕성보다 인간 문화와 전통 속에 자리 잡고 있는 구조 악을 고치는 것이 세상의 평화를 위해 더 중요한 문제라고 사회과학에서는 생각한다. 구조 악을 고쳐야 사회 정의가 이루어지고, 사회 정의가 있는 곳에 진정한 평화가 있기 때문이다. 그런데 구조 악을 없애는 문제는 언제나 기득권층과의 투쟁이 된다. 구조는 오랫동안 도덕규범에 의해 보호되어 왔고, 그런 도덕 안에서 이득을 누리던 계층은 알아서 기득권을 포기하지 않는다. 그러므로 사회과학이 찾은 인간 평화의 실현은 투쟁을 수반하게 된다. 권리 투쟁이고, 인권 투쟁이며, 사회 정의를 위한 투쟁이다.

인문학은 사람이 변하면 사회가 변한다는 생각에 서 있고, 사회과학은 사회가 변해야 사람이 변한다는 생각에 서 있다. 인문학은 욕망을 버려서 이룩하는 내면의 평화에서 사회 평화의 핵심을 보았고, 사회과학은 부당한 억압의 구조를 없애는 데서 사회 평화의 길을 보았다.

2

심리학이 본 화해 - 자기와의 화해 인문학이나 사회과학과 달리, 심층심리학이나 정신분석학에서 중요하게 생각한 것은 자기와의 화해이다. 죄의식에서 벗어나 자신의 열등한 그림자를 수용하는 것이다. 도덕의 이름으로 억눌렸던 무의식의 어두운 부분을 피하지 않고 자신의 일부로 받아들이는 것이다. 그것은 부도덕하게 되는 것을 의미하는 것이 아니라 성숙한 인간을 의미하는 것이다. 완전한 인간을 추구하는 것이 아니라 온전한 인간을 추구하는 것이다. 심리학은 영웅을 만들려고 하지 않고 성숙하고 온전한 사람을 만들려고 하며, 세상의 평화가 온전한 사람에게서 시작된다고 본다. 심리학에서 볼 때, 구조를 바꾸겠다고 투쟁하는 것은 아직 근원적인 문제를 보지 못한 것이다. 더구나 구조악의 퇴치 과정에는 자기의 그림자를 다른 사람에게 투사하여, 자신이 더 황폐해질 수도 있다. 여하튼 심리학은 구조 악을 없애는 정치 투쟁과는 거리가 멀다.

심리학의 관점에서는, 인문학에서 자기 욕망을 초월하려고 한 것은 오히려 그림자를 더 강화하고 보상작용을 병적으로 일으키는 결과를 가져온다. 기독교에서 이웃 사랑을 강조하고 희생을 요구한 것은 무의식의 그늘을 더 짙게 만들어 노이로제나 히스테리를 유발하고 부자연스런 과장을 일삼게 만든다. 그렇게 되면 자신의 그림자를 타자에게 투사해서 남의 흠을 지나치게 미워하거나 비기독교인을 구원받지 못할 자로 저주하는데, 그런 것은 모두 자신의 그림자를 남에게 투사해서 공격해대는 것이다. 그처럼 투사 작용이 일어나는 한, 자기와 화해할 가능성은 작아진다.

정신분석학이나 심층심리학에서는 개인의 변화를 사회 변화의 시작으로 본다. 사실, 인문주의도 개인의 변화를 사회 변화의 핵심으로 생각했다. 그러나 인문주의가 마음을 비우고 욕망을 죽이는 쪽으로 유도했다면, 심리학은 본능을 단념했을 때 생기는 그림자에 주목했다. 욕망을 죽이면 자기 파괴와 동시에 외부 파괴가 일어나게 된다. 오히려 욕망을 죽이라는 가르침 때문에 악하게 취급받아서 숨어 버린 내면의 그림자를 통합해야 한다. 인문주의의 가르침은 남과의 화해를 이루기 위한 것이었지만, 심리학은 자기와의 화해가 무엇보다 시급하고 그것이 세상 평화를 위한 궁극적인 해결책이라고 본다.

83

3

신학에서 추구한 화해 – 하나님과의 화해 기독
교 신학은 언제나 하나님의 나라를 말하고, 하나님이 통치하는 세상을 바
란다. '나라'를 말한다는 것은 공동체를 염두에 둔다는 이야기다. 구원이란
단순히 개인의 차원이 아니라 세상이 바뀌는 문제와 관련이 있다. 그것은
기독교 신학에도 인문학이나 사회과학처럼 정치적 관심이 들어 있음을 의
미한다. 평화롭고 정의로운 세상의 도래에 대한 관심과 꿈은 구약과 신약
에 공통된 것이다. 그런데 그런 세상의 도래는 궁극적으로 신앙의 문제와
관련이 있으니, 곧 인간의 통치가 아니라 하나님의 통치를 말한다.

그래서 강조한 것이 하나님과의 화해다. 바울은 구원을 하나님과의 화
해로 풀었다. 그 화해는 예수 그리스도의 죽음으로 우리의 죄 값이 대신 치
러졌다는 속죄 신앙에 바탕을 두고 있다. 여기에는 여러 가지 문제의식이
있는데, 우선 인간의 죄가 너무 커서 스스로의 힘으로는 그 대가를 다 치를
수 없다는 생각이다. 그래서 인간은 언제나 빚진 자요 죄인으로 살 수밖에
없음을 말하고 있다. 인간은 스스로 자기와 화해할 수 없다. 왜냐하면 죄가
너무 크기 때문이다. 죄는 불신앙으로 표현되기도 하지만, 결국 타자에 대
한 폭력을 가리킨다. 남을 무시하는 일로부터 전쟁에 이르기까지 인간은
무수한 폭력을 남에게 행사하며 산다. 그러므로 죄 값을 치러야 한다는 바
울의 신학 속에는, 남과 화해해야 한다는 생각이 깔려 있다. 그렇지 않고는
인간은 편안하게 살 수 없으며, 마음의 평화도 없고 세상의 평화도 없다.
바울이 사랑을 율법의 완성이라고 본 것도 그 때문이다.

그런데 남과의 화해가 어떻게 일어나는가? 그것은 하나님과의 화해를 통해 일어난다. 예수 그리스도에게서 나타난 하나님의 사랑을 믿고 받아들임으로써 죄로 말미암아 틀어진 하나님과의 관계가 회복되고, 하나님과의 화해를 통해서 이웃과 화해하는 길이 열린다는 것이 신약성서의 가르침이다. "하나님을 사랑하라, 그리고 이웃을 네 몸과 같이 사랑하라"는 계명은 결국 하나님과의 화해와 이웃과의 화해가 성서의 핵심적인 가르침임을 알려준다. 하나님과의 화해를 가리켜 의롭게 여김 받음(칭의 justification)이라고 하고, 이웃과 화해하는 과정은 성화(sanctification)에 속한다. 신학은 칭의에서 성화가 도출되기를 바란다. 다시 말해서 하나님과 화해되었다는 구원의 믿음이 이웃과 화해하는 행위를 낳는다고 본다.

한편 그 두 단계가 연결되는 데에는 또 다른 차원이 있다. 성화란 인간의 내면이 거룩해지는 것이다. 그것은 하나님을 바라며, 물질세계에서 어느 정도 초연해지는 것을 가리킨다. 바울이 말하는 육의 사람과 영의 사람의 차이는 육과 영의 차이가 아니라, 자기 욕망을 어느 정도나 다스리고 세상에서 초연한지를 말하려는 것이다. 마음을 어디에 두고 있느냐의 문제이다. 이 문제는 인문주의에서 제기한 문제이기도 하다. 다시 말해 천명(天命)을 따르든지 아니면 인욕(人慾)을 따르든지, 하나님의 뜻을 따르든지 자기 욕심을 따르든지 하는 문제이다. 바울은 자기 내면에 선을 행하려는 마음이 있으나 동시에 죄도 자리 잡고 있음을 보았다. 죄란 선을 행하고 싶지 않은 마음이다. 그런데 바울에게 죄는 하나의 세력처럼 표현되어 있어서, 인간이 극복할 수 없는 것처럼 보인다. 그래서 그 죄를 이길 수 있는 하나님의 능력을 요청하는 것이다. 성서의 가르침은 예수 그리스도에게서 나타난 하나님의 죄 사함의 능력을 요청하는 점에서 인문주의와 다르다. 그러나 지체의 법을 이기고 하나님의 법으로 내면의 평화를 찾아야 한다는 점에서는 인문주의와 같다. 지체의 법이란 맹자가 말한 감각기관, 곧 소체(小體)를 가리키고 하나님의 법이란 마음의 법, 곧 대체(大體)를 가리키는 면이 있기 때문이다.

그런 점에서 기독교 신앙은 인문주의의 자기 수양의 전통을 수용했다. 아우구스티누스는 내면의 평화가 세상 평화의 기반임을 수없이 강조했다. 성화란 내면의 평화를 통해서 이웃과 화해하는 과정이다. 그것은 결국 인간이 변해야 사회가 변한다는 인문주의 전통의 연장선에 있는 셈이다. 구원을 인간의 거듭남으로 표현한 것도 하나님에 대한 신앙을 축으로 인간의 변화를 꾀한 것이고, 인간의 변화를 통해 세상의 변화가 있기를 바란 것이다.

그래서 교회는 자칫 구조 악을 간과하기 쉽다. 전도해서 사람을 선하게 만들면 세상이 선해질 것이라고 설교한다. 그러나 사회는 개인의 축적이 아니다. 그래서 사람이 바뀌면 사회가 바뀐다는 주장만 할 수는 없다. 사회가 바뀌면 그 때에서야 사람이 바뀌는 측면이 있다. 그러므로 교회는 사회과학에서 말하는 구조적 접근에 대해 관심을 가져야 한다. 구조 악을 배제하기 위해 직접 투쟁에 나서지 않더라도, 구조가 만드는 죄와 억압에 대해 회개할 줄 알아야 한다. 회개는 기독교적인 개혁운동이다. 나도 가담하고 있는 세상의 죄를 회개할 줄 아는 것은 구조 악이 변해서 더 정의로운 세상이 되기를 기도하는 것이다. 사실, 기독교 신앙 안에는 이미 구조 악에 대한 통찰이 있다. 서양에서 사회학이나 마르크스가 나오기 이전에 이미 5세기의 아우구스티누스는 세상 구조 안에서 어쩔 수 없이 짓는 죄에 대해서 말했다. 그가 말한 원죄는 구조 악의 측면을 포함하고 있다. 서양에서 인간의 정치제도와 문화적 관습에 대해 비판적 시각을 갖게 된 것은 기독교의 원죄론의 영향이 크다. 원죄는 개인의 죄보다 세상의 죄에 초점이 맞추어져 있기 때문이다. 불가피한 악 속에 살아가는 인간의 불행을 비판적으로 관찰하는 것이 원죄론이기 때문이다.

어떻게 보면, 기독교 신앙에 가장 낯선 것은 자기와의 화해처럼 보인다. 하나님과의 화해와 이웃과의 화해는 말했지만 자기 어둠과의 화해를 말하지 않았다. 빛이신 그리스도로 모든 어둠을 없애는 것을 궁극 목표로 삼았기 때문이다. 그러나 이 문제 역시 전혀 새로운 것은 아니다. 바울이 율법으로부터의 자유를 말하고 죄인의 용서를 말할 때 어둠과 화해할 가능성을 열어 놓은 것이다. 이웃과의 화해를 말하기 전에 하나님과의 화해를 말한 것은, 자기와 화해할 길을 열어 놓은 것이다. 바울이 말한 믿음으로 의롭게 여김 받음은, 죄인임에도 불구하고 하나님에 의해 받아들여지는 것이다. 그것은 자기 용서를 통한 자기 수용(self-acceptance)의 차원을 가리킨다. 윤리의식 없이 무조건 자기를 정당화하는 게 아니라, 죄에도 불구하고 자기가 받아들여졌다는 경험이다. 그러므로 그것은 어둠과 그림자를 수용하는 자기 긍정이다.

한국 교회는 원죄와 칭의 교리가 갖는 화해의 차원을 잘 인식해야 한다. 하나님과의 화해 안에는, 자기와의 화해 그리고 이웃과의 화해 그리고 구조 악의 문제까지 들어 있다. 심리학과 인문학 그리고 사회학에서 말하는 화해의 차원이 기독교 신앙 안에 들어 있다는 것을 알고, 그렇게 가르쳐야할 것이다. 그렇게 되면 기독교 신앙이 자기 수양적인 차원을 회복하고 윤리적인 차원을 놓치지 않을 것이며, 동시에 내면의 치유와 함께 사회 변화를 위한 동력을 회복하게 될 것이다.

세상의 폭력이 전능하신 하나님의 선하심과 어떻게 양립할 수 있을
까? 그것은 답하기 쉬운 문제가 아니다. 세상에서 일어나는 전쟁이나 집단 폭력
도 모두 하나님의 섭리 안에 있다고 말하기 쉽지 않다. 그보다는 차라리 **하나님
께서도 그런 폭력에 의한 인간의 고통에 같이 참여하고 있다**고 말하는
것이 낫다. 인간 사이의 폭력을 하나님도 안타까워하시고, 인간의 불행이 하나님
에게도 고통이 된다고 보는 시각이 더 성서적이다. 전능하신 하나님이라는 개념
을 약간 뒤로 물리지만, 그 대신에 사랑이신 하나님이라는 개념을 지킬 수 있기
때문이다. 그렇게 되면 악의 책임을 하나님에게 묻지 않고, 오히려 인간의 악 때
문에 고난을 당하는 하나님의 수난을 공감하고 이해하는 성숙한 태도를 가질 수
있다. 그 때에 우리는 그리스도의 수난을 제대로 슬퍼할 수 있다. **하나님의 수
난을 슬퍼하면서, 자신의 고통을 승화시키고 극복해 나가는 책임적이
고 주체적인 인간상이 확립**될 것이다.

2

보혈의 피와 인간의 평화

사람이 지켜야 할 도리에 관해서는 예부터 집단 내에서 다양한 규범이 발전되어 왔을 것이다. 그런데 2,500년 전에 동서양에서는 갑자기 자기 내면으로 들어가라는 가르침이 출현했다. 플라톤과 공자 그리고 석가와 성서의 예언자들은 신에 대한 제물의 의미를 격하하고, 마음의 제물을 드릴 것을 주장했다. 마음의 제물이란 정화된 마음을 가리킨다. 원래 제의는 얼룩지고 때 묻어 부정해진 공동체를 정하게 함으로 재앙을 막는다는 의미가 있었다. 그런데 인문주의 출현 이후에 고대 종교는 그 영향력이 약해지며, 개인들의 마음의 정화가 최우선 과제로 등장했다. 인간이나 동물을 산 채로 잡아 각을 뜨고 피를 내어 신전에 제사를 드리는 것이 의미가 없어졌다. 그러한 변화는 기독교에도 그대로 반영되어, 바울은 "너희의 몸을 거룩한 산 제물로 바치라"고 했다. 짐승이나 돈을 바치는 것보다, 하나님 앞에서 정화된 마음과 몸을 가지고 사는 것이 중요하다는 말이다. 이러한 변화는 인간이 정치적 평화를 이루는 데 새로운 길을 찾았음을 의미한다. 사회 갈등을 피하기 위해 자기를 비우고 내면의 평화를 찾는 쪽으로 들어간 것이다.

원래 정치적 평화란 재물이나 권력을 놓고 충돌할 때 적당한 선에서 타협을 보고 질서를 유지하는 것이다. 타협에는 원칙이 있고 그 원칙이 사회 규범과 법을 이룬다. 그런데 그 규범이라는 것이 모든 상황을 반영할 수는 없기 때문에 억울한 사람을 만들기 마련이다. 그리고 때로는 규범 자체가 힘 있는 쪽의 의견을 반영할 가능성이 많다. 그러면 규범에 대한 불만이 사회구성원들 사이에 퍼진다. 그런 경우가 아니더라도 인간은 언제나 규범을 어기고 자신의 이득을 더하는 쪽으로 행동할 가능성이 많다. 그래서 정치적 평화는 언제나 불안하고, 정치 질서에는 언제나 강제력이 동원된다. 권력자가 있게 마련이고, 공인된 원칙을 침해하는 자들을 징계하거나 제거하기 위한 사법 권력이 있고, 경찰력이 있다. 정치집단인 국가는 어떻게 보면 합법화된 폭력을 통해 불법적 폭력을 막음으로써 형성된다고 할 수 있다. 아리스토텔레스는 이미 「니코마코스 윤리학」에서, 인간에게는 벌에 대한 두려움이 있을 때 악을 막을 수 있다고 보았다. 궁극적으로는 힘으로 위협하는 것이 인간이 평화를 만드는 방식이다. 벌을 줄 수 있는 국가 기관의 강제력으로 위법 행위를 징계하고, 징계하는 힘으로 사전에 예방하는 효과를 보는 것이다.

그러나 인문주의자들과 고등종교는 물욕을 없애고 마음을 비워 그런 이권의 다툼에서 아예 초연해질 것을 주장했다. 내면에서 일어나는 두 마음의 싸움, 곧 사심(私心)과 공심(公心)의 싸움에서 사심을 잠재우고 이룩하는 평화가 인문주의자들이 가르친 평화이다. 그런 내면의 평화가 세상 평화를 이룰 수 있는 기초요, 세상 평화의 핵심이라고 보았다. 정치적 평화의 실현 가능성을 개인의 내면의 평화에 둔 것이다.

2

플라톤은 진리에 대한 사랑을 통해 감각적이고 물질적인 세계를 초월할 것을 주장했다. 눈에 보이는 세계가 아니라 감각을 넘어 참된 실체의 세계가 존재하고 있다고 보고, 그런 세계를 본 사람만이 참된 삶을 살 수 있다고 보았다. 세상에서 사람이 살아가는 모습은 가짜요 헛된 것이다. "동굴의 비유"에서 그는 그러한 진리 인식이 온몸과 마음의 전환을 통해 이루어진다고 보았다. 물론 그 전환이 쉽지 않은데, 인간의 욕심이 납덩어리처럼 무겁게 마음을 물질세계로 끌어내리기 때문이다. 그러한 전환을 이룬 사람은 물질세계에 대한 욕심이 없어지기 때문에, 물질과 지위를 놓고 다투는 세상의 분쟁을 바로잡을 수 있는 사람이라고 했다. 그가 말하는 철인정치(哲人政治)가 그것이다. 그러니까 플라톤이 인간 이성과 선의 이데아와의 합치라고 하는 내면의 자기 수양을 말한 것은, 정치적 문제를 해결하는 과정에서 나온 것이다. 플라톤에 따르면 정치가는 자기가 깨달은 진리를 일반시민도 인식하고 자유를 얻을 수 있도록 인도해야 한다고 보았다. 물론 참된 세계를 본 사람은 그 경지의 기쁨이 너무 크기 때문에 정치를 하려고 하지 않는다. 그러나 바로 그런 사람을 정치가로 세워야 한다고 플라톤은 주장한다. 그런 사람만이 물질을 놓고 다투는 인간의 분쟁을 사심 없이 객관적으로 해결할 수 있기 때문이다. 정치를 하려고 하는 사람이 정치가가 되어서는 안 되고, 정치를 정말 하기 싫어하는 사람이 정치가가 되어야 한다는 것이 플라톤의 주장이다. 이처럼 내면의 윤리와 정치 윤리를 연결시키는 플라톤의 사상은 아리스토텔레스를 거쳐 아퀴나스에게까지 이어져 서양의 중세를 지배했다.

자기 수양을 이룬 사람이 정치를 해야 한다는 정치철학은 중국이나 한국의 유학도 마찬가지였다. 플라톤이나 공자 맹자는 종교로부터 해방되기를 바란 인문주의자들이다. 그들이 벗어나고자 한 종교는, 인간 밖에서 권위를 찾는 종교를 의미한다. 그들은 종교 없이 인간이 자기 수양을 통해 착하게 되면 평화를 이룩하고 정치적 문제가 해결되리라고 본 것이다. 그래서 인문주의자들은 종교를 미신으로 보고 인간교육을 중시하여 인간을 착하게 만들기 위한 대대적 교육 사업을 벌였다. 그들은 인류 역사에 대단히 큰 공헌을 한 스승들이다.

그런데 자기 수양을 강조한 정치사상은 서양의 경우에는 16~17세기 이후에 통하지 않게 된다. 대신 정치는 자기 수양의 문제가 아니라 권리와 의무 분쟁의 조절이라고 하는 현실적 정치관이 자리를 잡게 된다. 이것은 인문학이 정치를 지배하던 시절의 종말을 의미한다. 더구나 이데올로기 비판이 발전하면서, 인문주의에서 가르치는 도덕성 자체에 대한 비판이 다양한 각도에서 이루어진다. 인간을 착하게 만들어서 세상을 평화롭게 한다는 것은, 기득권층에 저항하지 못하도록 길들이는 것은 아닌가? 기독교도 그런 측면에서 비판의 대상이 되었다. 인간의 욕망을 죄악시하는 것이 결국은 인간을 억압하고, 오히려 가진 자들의 자기 방어에 이용되었다는 것이다. 사람을 착하게 만든다는 것은 하나님이 바라는 해결책이기 보다는 지배자들이 바라는 해결책에 불과하다는 것이다. 내면의 평화를 통해서 정치적 평화를 이룬다는 것은 인류가 찾은 매우 고상한 해결책이지만, 약자들의 평등 욕구를 무마하는 데 이용되었던 것도 사실이다.

3

희생제물의 종교를 거부한 인문주의가 출현한 후에도 인간은 다양한 형태의 희생제물을 만들었다. 다만, 동물이 아닌 인간을 희생물로 만들었다. 제사에 바치는 희생제물은 없어졌지만, 사람 사는 곳에는 어디서나 희생자가 생겨나고 있다.

사실 인간은 희생물 없이 살지 못하는 존재다. 오랫동안 스탠포드 대학의 교수로 지냈고 프랑스 학술원 회원인 르네 지라르(René Girard)는 「폭력과 성스러움」이라는 책을 통해 종교의 성스러움이 희생제물에 대한 집단적 폭력에 의해 시작되었음을 밝혔다. 옛 종교에서 신에게 제사를 지낼 때 제사의 핵심은 희생제물이다. 희생제물을 잔인하게 잡아서 피를 내고 사방에 뿌리는 것은, 집단 안에 잠재되어 있는 인간의 폭력성을 희생제물에 쏟아부음으로 카타르시스를 일으키고 평화를 유지하기 위한 것이다. 그래서 희생제물은 각을 뜨고 피를 내어 뿌리는 등 잔인한 방식으로 잡아 바쳐진다. 그런 식으로 마을이나 한 집단의 평화가 유지된다. 다시 말해 희생제물은, 인간의 폭력성이 겉으로 분출되지 않고 밑으로 해소되도록 하수구의 역할을 하는 것이다. 바로 그 희생물 덕택에 집단의 평화가 유지되기 때문에 희생제물은 거룩한 존재로 숭배를 받는다.

거룩하다(sacred)는 말은 원래 희생제물에 사용되었던 용어다. 희생제물은 집단에 의해 죽임을 당하지만, 그 동물의 죽음 덕분에 폭력성이 해소되어 마을이나 집단은 평화를 유지한다. 그래서 희생제물을 드리는 제사는 인간 집단의 결속을 위해 가장 중요한 행사요, 누구도 제사에 빠지면 안 되고 현장을 지켜보며 자기 폭력성을 해소해야 한다. 희생제물이나 그것을 잡는 제단에는 누구도 가까이 가면 안 된다. 접촉 불가를 통한 거리두기는 알고 보면 희생제물의 실제 기능을 노출하지 않는 효과를 가져 온다. 사람들은 희생제물의 사회적 기능에 대해서 아무것도 모른 채 그 희생제사에 참여해서 폭력성을 정화한다. 그 때 희생제물과 그 희생제물을 잡는 제사장과 제사 의식은 무조건 거룩하고 고귀한 것으로 남을 수 있다.

그러면 왜 그처럼 희생제물에 대한 집단의 일치된 폭력을 통해서야 인간 사회의 평화가 유지될까? 르네 지라르는 인간의 모방욕망 때문이라고 한다. 사람은 남이 가진 것을 갖고 싶어 한다. 인간은 필요한 것 이상을 소유하는 유일한 동물인데, 사람은 대개 남이 가진 것을 가지고 싶어 하기 때문에 남과 충돌할 수밖에 없다. 그래서 인간 사회에는 늘 긴장이 흐르고 폭력이 잠재되어 있다. 그처럼 언제 폭발할지 모르는 폭력성을 건전하게 해소하고 삶을 이어가는 방법을 찾은 것이 종교의 시초가 되었다고 지라르는 주장한다. 희생제물을 잡아 거기에다가 공동체의 폭력을 퍼붓고, 나머지는 평화를 유지하는 것이다. 그래서 처음에는 보복할 수 없는 약한 인간을 잡아 바치고, 나중에는 동물을 희생제물로 잡아 폭력을 해소하는 길을 찾았다. 그것이 종교의 기원이라는 것이다. 종교는 인류의 일종의 생존전략이었던 셈이다. 희생물은 흠 없는 것으로 잡아야 하는데, 흠 없는 것이라야 인간의 폭력성을 정화하는 효과가 있기 때문이다. 신이 흠 없는 제물을 원한다고 하지만, 사실은 공동체의 죄를 대속하려면 희생제물에 흠이 없어야 했던 것이다. 흠 없이 죽임을 당하기 때문에 희생이라는 말이 어울리는 것이다. 그런 제물을 찾느라고 사람들은 아이나 처녀를 바쳤고, 나중에는 사람을 더 이상 희생물로 삼지 않고 동물의 수컷을 바쳤다. 암컷은 출산의 피 때문에 부정하다고 보았다.

4

그러면 희생제물이 없어진 인문주의 이후 인간의 역사는 어떻게 되었나? 인문주의가 인간을 교육하면서 제사를 금지했지만, 인간이 정말 선하게 된 것은 아니며 인간 사회에서 폭력이 사라진 것도 아니다. 그런 가운데, 인간은 어떤 방식으로든 희생물을 찾아 폭력성을 해소하면서 살아왔다고 할 수 있다. 하수구가 막히면 위가 터지기 때문에, 인간은 다양한 희생자를 양산하면서 문명의 하수구로 삼았다. 폭력이라는 쓰레기가 하수구에서 배출되어야 점잖고 화려한 상층의 문화가 유지되기 때문이다. 하수구는 상수도와 달리 밑에 숨어 보이지 않지만, 인간의 폭력성을 어느 정도 잠재우고 세상의 평화를 유지하는 데 중요한 역할을 담당했다.

오랫동안 여성은 남성 사회에서 생기는 갈등과 폭력성을 해소하는 하수구 역할을 해왔다. 노예들은 양반이나 귀족 위주의 사회에서 생기는 갈등의 하수구 역할을 하며 갖은 학대와 모멸을 당했다. 전쟁은 집단 내의 갈등 때문에 넘치는 폭력성을 밖으로 해소할 수단으로 끊임없이 이용되어 왔다. 유럽의 기독교 문화권 안에서 유대인들은 줄곧 희생양 역할을 했는데, 그것은 그들이 어느 나라에서나 소수이면서 이질적 존재였기 때문이다. 겉으로는 그리스도를 십자가에 달아 죽인 자라는 명분을 내세웠지만, 사실은 사회 내부에 팽배한 모순이 폭력으로 터질 가능성이 보일 때마다 유대인들이 희생양이 되어 많은 고초를 당했다. 오늘날 유대인들은 다시 팔레스타인인들을 희생양으로 삼고 있는지 모른다. 다르면서 약자인 존재, 그런 사람이나 집단은 언제나 희생양이 될 소지를 지니고 있다. 어린 아이들 역시 놀 때 다리를 절거나 사투리를 쓰는 아이를 놀리며, 나머지는 친하게 지낸다. 적을 만들어야 결속력을 다질 수 있는 인간의 모습을 아이들도 보여준다. 힘을 가져야 한다는 신념은, 아마 인간 사회에서 억울한 희생양이 되지 않기 위한 본능적 깨달음에서 나온 것일지도 모른다.

5

　　희생제물을 거부하고 마음의 제물을 이야기한 인문주의가 출현한 후 몇 백 년이 지나 기독교가 출현했다. 그 기독교는 흠 없는 하나님의 아들이 우리 죄를 대속하기 위해 죽은 것으로 해석한 신앙에 바탕을 두고 있다. 사실 예수를 하나님의 아들이요 하나님과 동일본질이라고 본 것은, 그가 흠 없는 분이었음을 말하기 위한 것이다. 흠이 없다는 것은 인문주의가 없앤 희생양 메커니즘을 다시 살리는 데 중요했다. 기독교가 그리스의 인문주의와 함께 서양 문명의 양대 핵심으로 자리 잡은 것도, 인문주의에 없는 희생양 구조를 다시 살렸기 때문으로 보인다.

인문주의가 평화를 위해 많은 역할을 하지만, 인간의 폭력성을 해소하기 위해서는 종교라고 하는 다른 축이 필요하다. 그 종교의 정체는, 인문주의가 없앤 희생양을 신앙의 핵심으로 삼는 데 있다. 인문주의 이후에 종교는 인문주의가 제시한 인간 내면의 허약함을 더 분명하게 노출시키면서, 인문주의와 달리 인간의 죄를 인간 스스로 해결할 수 없음을 인정한다. 인간의 죄성을 인간 스스로 해결할 수 없다는 것은 인간 사회의 존속에 폭력이 중요한 역할을 하는 측면을 가리킨다. 다시 말해서, 어떤 희생자들의 희생이 끊임없이 이루어지지 않는 한, 인간 사회의 평화는 이루어지지 않음을 의미한다. 하수구를 만들어 폭력을 해소해야만 문명이 유지되는 인간의 폭력성을 인정해야 하는 것이다. 인문주의는 교육을 통해 인간을 선하게 만들려고 해왔지만, 사람을 착하게 만드는 일은 힘 있는 지배자들에게 순종하도록 길들이는 결과를 가져올 수도 있다. 약자들이 희생양이 되는 것을 막는 데는 인문주의의 교육만으로 안 된다. 그것이 인간의 현실이다. 기독교는 사라지지 않는 인간의 폭력성을 직시하였다. 기독교는 그것을 슬퍼하는 종교이다. 기독교 신앙에서 하나님의 아들이 희생양이 되는 것은, 인간이 인간을 희생양으로 만들고 있는 현실을 고발하는 측면이 있다. 그런 현실을 슬퍼하고 부끄러워하며 반성하는 측면을 지니고 있다. 하나님의 아들이 희생양이 된 것은 이제 약한 인간들을 희생양으로 만드는 일이 없어져야 한다는 자기반성의 소리이다.

찬송가에 십자가의 보혈에 대한 찬송이 많다. 예수의 피를 강조하는 것은 우리 문화에서 거부감을 불러일으키기도 한다. 농경문화 속에서는 희생제물의 피를 바치는 의식이 오래 전에 사라졌기 때문이다. 그럼에도 불구하고 동짓날 붉은 팥죽을 먹고, 팥물을 문설주에 바르는 의식이 남아 있다. 그것은 제물이 흘린 피의 대속에 관한 흔적이 사라지지 않았음을 의미한다. 보혈의 피를 강조하는 찬송 속에 들어 있는 지혜는, 예수가 피를 흘림으로 인간들이 피를 흘리지 않을 수 있다는 것이다. 흠 없는 하나님의 아들이 온 인류의 희생제물이 되었으니, 이제 너희들끼리는 희생물을 만들지 말라고 하는 것이 십자가의 메시지이다. 물론 오늘도 인간은 약자나 다른 그룹이나 그 누구를 짓밟고 희생물을 만들고 싶어 하고, 다른 편을 배제하면서 자기편의 결속력을 다진다. 그러나 십자가는 오늘도 그런 우리의 모습을 내려다보며, 내가 죽었는데 왜 너희들이 아직도 서로 죽이느냐고 말한다. 그렇게 호소하고 있는 것이다. 그 호소를 들을 줄 아는 사람은 십자가 밑에서 슬퍼할 것이다. 그리고 그 슬픔은 성선설에 바탕을 둔 인문주의에는 없는 요소이고 미래의 평화에 기여할 요소이다. 애통해하는 자가 복이 있나니, 저들이 위로를 받을 것이다.

태초에 말씀이 있었느니라

기독교 신앙의 핵심은 예수 그리스도에 대한 신앙이다. 그런데 요한복음에서 그리스도는 말씀으로 표시된다. 말씀이 하나님과 함께 있었으며, 말씀이 곧 하나님이다. 하나님의 정체를 말씀으로 보는 것은 기독교의 본질을 잘 보여준다. 사랑이신 하나님의 모습을 잘 보여준다고 할 수 있다. 그 사랑은 그냥 위해주기만 하는 것이 아니라 대하면서 위하는 것이다. 우리를 마주하면서 맞이하는 하나님의 모습이 말씀이신 하나님에게서 드러난다.

태초에 위로가 있었다. 말의 본질은 말의 내용보다도 말을 건네는 데 있다. 무엇인가를 말하지만, 말의 내용인 그 무엇보다 중요한 것은 말하는 행위 그 자체다. 말을 걸고 말을 붙인다. 우리가 흔히 인사로 하는 말, "안녕하세요?", "오늘 날씨가 좋습니다."라는 말은 그 내용보다도 말문을 트는 말들이다. 말문이 열리면 협상을 하든지 사랑의 말을 속삭이든지 아니면 정보를 교환하든지, 말의 내용이 중요한 말들이 시작된다. 말의 본질은 바로 그 인사말에 있다. 인사말의 내용을 가지고 따지고 드는 사람은 우스운 사람일 것이다. 인사말은 말문을 트는 말이거나, 또는 상대방과 관계가 유지되고 있다고 하는 평화 선언이다. 아무리 무심히 내던진 인사말이라도 마찬가지다. 그런 점에서 인사말은 말을 건네는 말이요, 말을 붙이는 말이라고 할 수 있다. 그처럼 상대방에게 말을 붙이는 것, 그것이 기독교에서 본 언어의 본질이다.

태초에 말씀이 있었다는 것은 내게 말을 건네고 말을 붙이는 하나님이 있었다는 말이다. 말을 붙이는 인사말은 원래 하늘의 언어요, 신성한 언어이다. 우주의 기초적인 힘이 언어성을 띠고 있다는 것은, 하나님이 처음부터 내게 말을 건네는 하나님임을 말해준다. 내게 말을 건네는 하나님으로서만 창조의 하나님이다.

흔히 모든 종교적 언어를 계시 언어라고 하는데, 말씀이신 하나님은 그런 계시 언어와도 다르다. 계시 언어는 말의 본질을 말하는 데서 찾지 않고 말을 듣는 데서 찾는다. 계시하는 말은 내가 하는 것이 아니라, 신이 말하고 나는 듣는다. 실제로 교회나 종교 예배에서 모두들 말을 들을 뿐, 말을 하지는 않는다. 사제도 원칙적으로 자기 말을 하지 않고 하나님에게서 들은 말을 전하는 것이다. 그러나 '하나님의 말'이 아니라 '하나님이 말'이라고 한 요한복음에서 말은 단순히 계시적인 의미만을 지니지 않는다. 단지 일방으로 진리를 드러내고 가르치는 하나님이 아니다. 말씀이신 하나님은 먼저 내게 말을 건네고 말을 붙이는 하나님이다.

그것은 흔히 동서양의 인문주의 전통에서 하늘의 소리를 명령으로 알아

듣는 것과도 다르다. 인문주의에서 말하는 하늘은 명령한다. 그래서 천명 (天命)이다. 천명은 도덕적 명령으로서 내 양심을 울린다. 그러므로 하늘의 소리는 양심의 '소리'일 수 있지만, '말'이 아니다. 말의 본질은 중립적인 규범을 명령하는 데 있지 않고, 말을 붙이는 데 있기 때문이다. 그 누구를 홀로 놔두지 않고 함께 하는 데에 말의 본질이 있다. 요한복음에서 하나님은 우리를 가르치시는 계시의 하나님이기 전에 우리와 함께 하시는 분이다. 그것은 임마누엘, 곧 나와 함께 하시는 하나님의 한량없는 위로를 표현한다. 말은 말을 붙이는 것이고, 말을 붙이는 것은 함께 하는 것이며, 함께 한다는 것은 위로를 의미한다. 복음이 율법이 아니라 복음인 까닭은 거기에 있다. 성서는 내게 말을 거는 하나님에 기초를 두고 있다. 태초에 위로가 있었다. 우주보다 더 오래된 위로가 있었다. 성서는 인간의 '최초' 상황을 폭력적 억압과 소외로 보는 측면이 있다. 카인이 아벨을 죽인 이야기는 인간 역사의 시작을 장식한다. 그러나 그런 폭력만큼이나 오래된 것이 또한 태초의 위로이다. 최초 상황에서 인간의 죄를 본 기독교가 '태초'에서 희망을 찾는 방식은, 태초에 말씀이 있었다는 것이다. 그런 식으로 최초와 태초가 다르다. 그런 식으로 하나님의 사랑은 우리 삶에 대한 위로다.

기독교는 위로하는 하나님을 구원의 하나님으로 본다. 뿌리 깊은 무의미와 폭력보다 더 오래된 것이 하나님의 위로다. 무의미와 폭력의 중심에 외면(얼굴을 돌림)이 있고, 외면의 본질은 말의 단절이고, 말을 건네지 않는 것이다. 그러한 인간 세상을 향해 먼저 하늘 쪽에서 내게 말을 건네 온다.

2

인간의 언어: 할 말을 하는 말　말을 건네고 말을 걸고 말을 붙이는 것은 상대(相對)하는 것이다. 나와 함께 하시는 방식이 말을 건네는 것이면, 거기에는 서로 상대하는 관계가 생겨난다. 위로는 상대로 가지 않으면 진정한 위로가 될 수 없다. 적어도 말씀이신 하나님의 위로는 인간을 상대하는 방식으로의 위로요, 그러한 위로의 방식이 인간의 주체성을 낳는다.

절대(絕對)가 아니라 상대이다. 말씀이신 하나님은 절대자가 아니다. 절대자는 상대하지 않고 베풀어준다. 거기에는 말이 없다. 말대답을 못하게 하고, 눈을 똑바로 보지 못하게 하고, 일방적인 지시만 있다. 그러나 일방적인 지시의 말은 말의 본질이 아니다. 과거에 계시를 그런 식으로 이해했다. 그래서 말 잘 듣는 것이 중요한 덕목이었다. 그러나 기독교에서 말씀이신 하나님은 인간을 상대하시는 하나님이다. 기독교는 성부에게서 절대자를 보고, 성자에게서 상대하는 하나님을 본 종교다. 절대자 하나님의 관점에서 보면 하나님을 본 자는 죽는다. 하나님은 사람의 상대가 아니기 때문이다. 그런데 그리스도(성자)를 하나님으로 믿는 데 기독교의 특징이 있다면, 기독교의 신관에는 기본적으로 상대하시는 하나님이 깔려 있다. 사람은 하나님의 상대다. 기독교의 인간관에 따르면 인간은 죄인이므로 하나님의 상대가 안 되지만, 말을 건네는 하나님의 은총으로 하나님의 상대가 된다. 상대가 안 되는 나를 상대해 주시는 하나님이다. 하나님의 은총은 일방으로 무얼 베풀어주는 것보다는 상대가 안 되는 나를 상대해 주시는 데 있다. 거기서 인간이 큰다. 상대하면 상대방이 큰다. 그래서 권위주의 시대에

윗사람은 아랫것들을 상대하지 않은 것이다. 상대(相對)는 서로 대하는 것이므로 마주하는 것이다.

마주하는 것은 맞서는 것이 될 수도 있으므로, 하나님의 절대성이 파괴될 수 있다. 더구나 상대하면 상대방의 영향을 입지 않는가. 거리를 두고 베풀기만 하면 영향을 받지 않는데, 상대하면 상대의 고통이 그대로 전달된다. 인간을 상대하시는 하나님은 인간의 고통이 하나님의 고통으로 전가된다. 영향을 주되 영향을 입어서는 안 되는 하나님이 상대의 영향을 입는다. 그러한 하나님의 수동성(passivity)에 하나님의 수난(passion)의 핵심이 있고, 그것이 하나님의 사랑의 모습이다. 다시 말해서 말씀이신 하나님은 그 수동적 주체성을 통해 인간을 주체로 만든다. 상대한다는 것은 하나님과 인간이 주체 대 주체의 관계에 서는 것을 가리킨다. 그런 점에서 성서의 신은 휴머니즘을 안고 있고, 신의 죽음의 위기를 안고 있다. 하나님이 사람을 상대하면서 사람이 하나님을 맞먹게 되면 신의 죽음이라는 문화 현상을 낳게 된다. 말씀이신 하나님은 무신의 위기를 안으면서도 인간을 끝까지 상대해 주시는 하나님이다.

거기서 인간의 말이 탄생한다. 내게 말을 붙이며 상대하는 하나님에 이끌려 사람은 입을 연다. '하는 말'은 거기서 탄생한다. 인간이 말을 하기 전에 하나님이 말을 붙이시고, 바로 그 말씀과 짝을 이루어 사람은 '말하는 존재'가 된다. 여기서 언어는 언어학에서 말하는 것과 달리, 의사소통의 수단이 아니라 억압으로부터의 해방이다. 말을 건네시는 하나님에 기대어 사람은 '할 말'을 한다. 사람이 말을 한다는 것은 할 말을 하는 것이다. 할 말은 억압에서 생긴다. 억압이 많은 사람이 할 말이 많다. 그리고 인간은 이 세상에서 누구나 할 말이 많다. 사람은 존재의 근거와 단절되어 있기 때문에 할 말이 많고, 타자와의 관계가 단절되어 있기 때문에 할 말이 많다. 그 모든 것이 억압을 낳기 때문이다. 단절되어 있다는 것 자체가 억압이고, 거기서 억울한 폭력 행사가 일어나므로 할 말이 많다. 그래서 만물과의 관계 회복을 바라는 마음이 그리움의 언어가 되어 시를 낳기도 하고, 억눌림으로부터 해방되기를 바라는 마음이 따지는 언어가 되어 과학적 언어가 되기도 한다. 그 모든 것이 할 말을 하는 말이다. 할 말을 하면서 인간은 당당해진다. 그리고 그런 주체적인 관계는 정의를 만들어 낸다. 정의란 할 말을 하는 데서 출발하기 때문이다.

위로의 하나님 또는 사랑의 하나님은 정의를 폐하지 않는다. 말 때문에 인간은 하나님의 형상이다. 말을 건네시는 하나님을 닮아 사람은 타자에게 말을 붙이는 관계적 존재가 된다. 그리고 사람을 상대하시는 하나님을 닮아 사람은 서로 할 말을 하면서 타자를 상대한다. 하나님의 형상은 그리스 철학에 따르면 누우스, 곧 정신 또는 이성이다. 초대 교회의 교부들도 하나님의 형상을 이성에서 찾았다. 성리학에서도 우주의 이(理)가 모든 존재에게 다 공통적으로 들어 있다고 함으로써, 이(理)가 기(氣)를 낳은 것처럼 해 놓았지만, 다시 기질의 차이에 따라 신통방통(神通旁通)할 수 있는 온전한 이(理)를 갖고 있는 존재는 오직 인간뿐이라고 봄으로써 인간을 다른 존재보다 높였다. 다시 말해서 그리스 인문주의나 성리학이나 인간을 다른 존재자들보다 높이는 길을 이성에서 보려고 한 것이다. 그러나 기독교에서는 말이 하나님의 형상이다. 말 때문에 인간은, 하나님의 말 상대로서 하나님의 상대가 된다. 말씀이신 하나님은 사람이 할 말을 하도록 이끌고, 사람을 당당하게 만든다. 하나님과 인간의 관계 그리고 인간과 인간의 관계가 주체 대 주체의 관계가 된다.

거기서 하나님은 말을 하는 분이 아니라 말을 듣는 분이 된다. 그 때 비로소 하나님의 계시 언어가 나타난다. 하나님의 계시 언어는 인간의 고통의 언어에 대한 응답이다. 사람의 고통의 울부짖음 또는 사람이 할 말을 하는 말을 들으면서, 하나님은 말을 붙이는 말을 넘어, 비로소 할 말을 하신다. 할 말을 하는 인간의 말이 없이는 하나님의 계시도 없다.

3

말: 마주함과 맞이함 그리고 마주하는 것은 맞이하는 것이다. 마주하면 험한 세상에서 서로 맞서기도 하지만, 그런 과정을 거쳐 결국 맞이한다. 물론 할 말을 하는 말 때문에 맞서서 대립하기도 한다. 인간과 하나님의 맞섬은 욥과 같은 인간의 무신론적인 저항으로 나타나고 인간과 인간의 맞섬은 집단적 이해관계의 충돌로 나타나기도 한다. 이처럼 마주해서 할 말을 하는 말은 맞섬으로 저항과 대립을 낳을 수 있다. 그러나 마주하면 맞이하게 되어 있다. 맞이하는 것은 할 말을 하는 것을 넘어, 말을 듣고 품는 것이다. 인생의 문제는 할 말을 한다고 다 해결되지 않는다. 다시 듣는 말로 간다. 상대의 말을 듣고 세상의 말을 듣고 만물의 세밀한 말을 듣는 것은, 말을 붙여 인간의 말을 듣는 하나님의 마음으로 돌아가는 것이다. 사실 시(詩) 언어는 할 말을 하는 말이라기보다는 거의 말하지 않은

말이다. 오히려 듣는 말이다. 그런 의미에서 시와 은유는 계시적 언어다.

마주하고, 그 마주함이 맞섬을 거쳐 맞이함으로 가는 데 언어가 있다. 성서에서 말씀으로 세상을 만드신 이야기나 태초에 말씀이 있었다는 이야기 속에는, 인간의 자유를 향한 여정에 언어를 두고자 하는 기독교의 기본 정신이 들어 있다. 언어는 말을 붙이는 것이면서, 할 말을 하는 것이면서, 말을 듣는 것이다. 위로와 정의와 사랑이 언어의 효과이다.

맞이하기 위해, 마주해서 맞섬을 거친다는 것은 기독교의 장점이면서 단점일 수 있다. 하나님을 말과 동일시하면서 가져온 결과이다. 그것이 기독교의 신 자체가 십자가를 품고 있는 원인이기도 하다. 기독교에는 이슬람에서 찾아볼 수 없는 삼위일체가 있다. 민주주의가 서양에서 나올 수 있었던 이유도 거기에서 찾을 수 있다. 그리고 그것이 성서의 사람들이 추구한 인간 해방의 길이다.

그리스도, 참사람의 의미

예수 그리스도의 정체에 대한 이야기는, 삼위일체 논쟁으로부터 시작해서 얼마 전까지 미국에서 유행한 예수 세미나에 이르기까지 끊이지 않고 이어진다. 역사적 인물로서의 예수에 대한 관심은 근대 역사 비평이 시작되고 성서를 역사 문서의 하나로 보면서 시작되었다고 할 수 있다. 이른바 자유주의 신학에서 관심을 많이 가졌다. 그럴수록 예수의 인간성은 강화되고 그의 신성은 약해지거나 거부되는 경향이 짙어졌다. 예수를 그리스도로 고백한다고 해도, 그가 왜 그리스도인가에 관한 설명이 바뀔 수밖에 없다.

전통적으로 왕으로서의 그리스도는 그의 힘과 권능을 말한 것이다. 왕이신 그리스도는 하나님의 통치라는 개념에서 나온 것이니, 그리스도의 신성을 담당하는 역할이다. 대제사장으로서의 그리스도는 하나님과 인간의 연결자요 중보자의 역할을 강조하고 있다. 이것은 인간 세상에 대한 깊은 죄의식에서 생긴 것이라고 할 수 있으며, 대제사장으로서의 그리스도에게는 인성과 신성이 교차되고 있다. 한편 근대 이후에는 그리스도를 인간이 도달할 도덕적 이념으로 보는 경향이 강하다. 우리가 추구할 참인간의 모범이요 교사로서 예수를 보는 시각이다. 이것은 고대 이래의 인문주의의 지속적인 관심을 반영한 것이라고 할 수 있다. 고대의 동서양 인문주의자들은 인간 이외의 신을 인정하기보다는 인간이 거룩해져서 신성에 도달하기를 바랐다. 근대에는 칸트의 「이성의 한계 안에서의 종교」가 분기점이 되어 기독론을 인문주의 시각에서 보여준다. 프랑스의 르낭은 기독교의 역사를 실증적으로 탐구하여 예수의 일대기를 심리적으로 기술한 책, 「예수전」을 썼다. 예수를 처음부터 신으로 보지 않고 도덕적 영웅으로 보았는데, 르낭은 칸트의 영향을 받은 사람이다.

현대에는 대체로 인문주의 영향을 받아 왕으로서의 그리스도보다는 인간이 도달할 이념으로서 그리스도를 이해하려는 경향이 강하다. 신실한 기독교인이라고 할지라도, 예수의 신성을 인간이 도달할 도덕적 완전성에서 보려고 하는 사람들이 많다. 그런 생각은 동양의 태극이나 이(理) 개념과도 연결될 가능성이 있다. 태극에 인격성을 부여한 것으로 그리스도를 이해할 수도 있다. 그렇게 이해할 때의 장점은, 쉽게 미신적인 신앙에 빠지지 않고 합리적이면서도 경건한 신앙을 가질 수 있다는 점이다. 인류가 추구한 사랑과 정의라는 덕목을 내게서 함양해야 한다는 경각심을 가질 수 있는 것이다. 그리고 쉽게 은총을 말하지 않고, 최선을 다해 의롭게 살아야 한다는 생각을 가지게 만든다. 최선을 다하는 자에게만 하늘의 은총이 있을 수 있다는 이야기는 동서양 인문주의의 공통된 신념이다.

2

4~5세기 교회에서 그리스도론 논쟁이 있을 때 예수를 진짜 인간(vere homo)으로 본 것은, 예수가 진짜 사람이라야 사람의 형편을 알아 하나님께 사람을 위하여 고할 수 있고, 또 인간을 대신해서 희생물이 될 수 있다는 생각에서 나온 것이다. 그러니까 하나님과 인간을 이어주는 대제사장이되, 자기 자신을 희생물로 바친 특이한 제사장의 모습을 생각하면서 그리스도의 인성(人性)을 말한 것이다. 알고 보면 그리스도의 만인을 대표하는 그 대표성은 만인을 대신해서 제물이 되었다는 데 있었던 것이다. 한 사람 한 사람이 모두 자기 죄를 갚을 방법이 없어 자기 스스로가 제물이 되어야 할 판인데, 그리스도가 모든 사람의 죄를 지고 희생제물이 되었다는 것이다. 이것은 인간의 안녕을 위해서 흠을 정화하는 희생물이 필요하다고 본 오래된 종교 의식과, 인간의 죄를 종교적 금기를 어긴 데서 찾지 않고 마음의 부패에서 찾은 예언자적 죄의식의 결합에서 생긴 것이다. 그러므로 451년 칼케돈 종교회의에서 예수의 참된 인성(人性)을 말한 베레호모(vere homo)는 참된 사람보다는 진짜 사람임을 가리키는 말이다. 일반 사람이 도달할 이념이 되는 그런 완벽한 사람이라는 의미가 아니었던 것 같다. 예수는 진짜 신이었지만, 동시에 우리 같은 진짜 사람이었다는 이야기다.

물론 전통적인 그리스도론에서 예수는 죄의 가능성은 있었지만 죄는 없었던 분으로 이해된다. 그런 점에서 일반 사람과 다르다. 그러나 그것 역시 인간의 선함을 실현한 완벽한 인간이라는 의미보다는 제물이 되기에 조금도 부족함이 없었다는 점을 말하려고 한 것으로 보인다. 속죄를 위해서는 흠 없는 제물이 필요했기 때문이다. 그러므로 진짜 인간인 그리스도에게 인간과 달리 죄가 없었다는 것은, 스스로 흠 없는 어린 양이 되어 속죄 제물로 바쳐져서, 대속을 통해 우리를 구원할 분이라는 점을 확보하기 위한 것이라고 할 수 있다.

3

그러나 예수를 흠 없는 존재로 말할 때, 인문주의에서 말하는 참사람의 요소를 배제할 수 없다.

죄가 없었다면, 복음서에 나오는 그리스도의 분노와 격정 그리고 배고 픔과 먹고 마심은 어떻게 이해해야 하는가? 원래 감정과 육체의 생리적 욕구는 초월자 하나님과 거리가 먼 영역이다. 감정은 치우쳐 악을 낳는다고 인문주의자들은 보았기 때문이다. 그러므로 하나님은 감정에 치우치지 않아야 하고, 뭐가 부족해서 먹어야 되는 결핍 상태와 거리가 멀어야 한다. 하나님은 이미 충만하고 영원불변하는 분이므로 감정적인 상태는 하나님과 어울리지 않는다. 근대 이전의 전통신학은 그 점을 강조했다. 감정이 있거나 먹고 마시는 모습을 신성하지 못한 것으로 본 것은 인문주의의 영향이 크다. 감정은 이성과 달리, 사심(私心)과 이기심으로 치우친 것으로 보았다. 다시 말해 감정은 저절로 발생되는 것 같지만, 이미 그 안에 이기적인 욕망이 들어 있다고 본 것이다. 그래서 기독교 사상에 큰 영향을 준 플라톤 계열의 스토아학파는 무감정(아파테이아)을 추구했다. 먹고 마시는 문제도 마찬가지다. 사람은 이미 지나치게 먹고 마시는 문제에 집착하고 있기 때문에, 영혼의 자유를 얻기 위해서는 육체적인 것을 멀리해야 한다고 보았다.

그런 생각은 동서양 인문주의의 공통된 생각이다. 주희는 인간의 희로애락(喜怒哀樂)의 감정에 사사로운 마음이 들어 있다고 보고, 감정이 발하지 않은 미발(未發)을 최고 경지로 보았다. 퇴계는 고봉과 논쟁하며, 희로애락 같은 일반감정(七情)은 악에 치우쳐 있기 때문에, 이(理)에서 발하는 사단의 감정(측은지심, 수오지심, 사양지심, 시비지심)과는 구분해야 한다고 보았다. 칸트 역시 감정을 경계했다. 감정이란 외부 자극에 대한 반응인데, 대개 자기에게 도움이 되느냐 아니냐 하는 데 따라 좋아하고 싫어하는 감정이 생긴다고 보았기 때문이다. 진화생물학자들에 따르면, 생각하지 않고 자동적으로 그리고 반사적으로 자기에게 유익한 것을 취하고 불리한 것을 버리도록 마련된 장치가 감정이다. 한편 칸트는 도덕법에 대한 경외심이라고 하는, 일반 감정과 다른 이성감정을 말했는데, 그것은 퇴계나 주희가 말한 사단과 비슷한 것이라고 할 수 있다. 사단도 말하자면 이성감정이라고 할 수 있는 것이다.

그러면 예수께서 이 땅에서 먹고 마시며, 울기도 하고 분노도 하는 감정을 보였던 것을 초기 기독교 신학에서는 어떻게 설명했을까? 주희가 말한 미발의 상태는 인간이 궁극적으로 추구하는 것이지만, 일상생활은 이런 저런 일을 당하여 감정이 생기지 않을 수 없다. 진짜 사람이라면 마음이 이미 움직인 이발(已發)의 상태에서 산다. 예수님도 이미 감정이 발한 이발의 상태라고 할 수 있다. 말하자면, 성부 하나님이 미발의 상태라고 하면, 예수 그리스도는 이발의 상태인 것이다. 그렇다면 그 감정에 이미 사리사욕(私

利私慾)이 들어간 것이고, 그래서 죄의 상태라고 봐야하지 않을까? 그런데 성리학에는 마음이 발하여 중절(中絶)하는 상태에 대해 말한다. 감정이 발생하되 치우치거나 과하지 않고 조화를 이루는 경우도 있다고 보고, 그것을 화(化)라고 했다. 감정이 발하지 않는 미발을 중(中)이라고 했고, 이미 발하여 중절하는 것을 화(化)라고 했다. 발하여 치우침이 없는 감정은 거룩한 감정이다. 유학에서 말하는 성인(聖人)들은 감정이 중절하여 조화를 이룬 분들이다. 그들은 화를 내지만 거룩한 분노요, 슬퍼하지만 거룩한 슬픔이다. 그렇다면 예수의 분노도 거룩한 분노로 보고, 그 슬픔도 거룩한 슬픔으로 볼 수 있을 것이다.

먹고 마시는 문제도 마찬가지이다. 먹고 마시는 데 관심이 있는 인심(人心)도 원래 그 자체가 악한 것은 아니다. 다만 일반 사람들은, 먹고자 하는 마음이 소유욕으로 발전되고 쾌락에 대한 향수에 빠져, 본래의 자연스런 인심이 인욕(人慾)과 사욕(私慾)에 치우쳐 있다. 성인은 마시지만 욕심과는 거리가 멀다. 예수님의 먹고 마심도 인문주의적인 시각에서 그렇게 설명할 수 있다. 다시 말해 예수님의 배고픔은 자연의 생리에서 벗어나지 않은 것이라고 할 수 있다. 예수님은 모든 일에서 사심 없이 하나님의 뜻에 복종했다. 성리학적으로 말하면 천명(天命)에 복종한 것이다. 먹고 마심에 있어서도 그 점에서는 흐트러짐이 없었다고 봐야 한다.

그렇게 보면 예수는 참사람이 되는 것이다. 예수는 참이요, 진짜 사람이라면 참사람이다. 베레 호모(vere homo)는 진짜 사람이면서 참사람이다. 예수님을 흠 없는 제물로 말하는 과정에 인문주의자들이 생각한 성인의 모습이 포함된다. 그리스도를 본받는다거나, 예수를 우리가 본받을 분으로 보는 해석이 근대 신학 이전에도 없지 않았던 까닭이 거기에 있다. 그리스도를 본받는다는 것은 중세 신학의 중요한 주제였는데, 거기에는 예수에게서 참사람의 모습을 보는 인문주의적인 해석이 들어 있었던 것이다.

4

그러나 기독교 신학이 인문주의와 같을 수는 없다. 인문주의의 문제의식을 품고 있지만, 그 해결책은 다르다. 그리스도론의 역사에서 시리아의 네스토리우스(386~451) 같은 사람이 이단으로 정죄된 것은, 기독교가 인문주의적 해석에 갇히는 것을 배격한 것이라고 할 수 있다.

삼위일체 논쟁 이전에 이미 양자(養子)설을 주장하는 사람들이 있었다. 그들은 예수가 원래 하나님이 아니라 사람인데, 세례 받으면서 하나님의 아들로 입양되었다고 보았다. 그것은 예수의 본성이 진짜 하나님임을 거부하고 진짜 사람임을 강조한 것이다. 이러한 주장은 삼위일체 논쟁에서 역동적 군주론(dynamic monarchism)을 주장한 사모사타의 바울로 이어진다. 그는 하나님의 속성인 힘(dynamis)을 예수께서 충만히 받아서 신성을 띠게 되었다고 말한다. 여기에는 인간이 하나님의 기운을 충분히 받을 때 신성을 띠게 된다는 생각이 깔려 있어서 양자설과 같은 계열이라고 할 수 있다. 뒤이어 그리스도론 논쟁에서 네스토리우스는 그리스도가 하나님과 본질이 같은 분이 아니라 의지가 같은 분이라고 보았다. 이 역시 사람이 그 마음을 하나님과 일치시키면 신성을 갖게 된다는 생각이다. 인간의 가능성을 충분히 실현한 존재가 신성하게 된다는 생각은 인문주의의 사고방식이다.

이단으로 정죄된 네스토리우스가 중국에 와서 경교(景敎)의 이름으로 번성한 것은, 중국이 유학이라는 인문주의의 나라였기 때문일 것이다.

그러나 기독교에서 예수의 신성은 본래 하나님과 같은 분이기 때문에 인정되는 것이지, 사람의 가능성을 충분히 실현된 측면을 보고 인정한 것이 아니다. 그리스도론은 신론의 반영이다. 하나님을 어떻게 이해하고 있는지가 그리스도론에 반영된 것이다. 그러므로 예수는 처음부터 신과 연관되어 있다. 다시 말해서, 이발(已發)하여 완벽하게 중절한 데서 그리스도의 신성을 보는 것이 아니다. 사실 예수를 사람으로 본 관점은 그가 흠 없는 '인간 제물'이 되어야 한다는 데 초점이 맞추어져 있었던 것으로 보인다. 제물은 흠이 없어야 속죄의 효과가 있기 때문이다. 그러나 예수의 신성의 문제는 다르다. 기독교에서 예수의 신성(神性)은 무흠하고 죄 없는 인간 제물이라는 점에서 비롯되는 게 아니라, 본래 하나님과 같은 분이기 때문에 신성을 지닌다. 또한 성인(聖人)과 달리 예수는 자기수양을 통해 신성을 지니게 된 것이 아니라 본래 신성의 본질을 지녔다. 인문주의에서는 참사람을 실현하면 신성을 띠는 것으로 보았지만, 그리스도교에서 예수를 참사람으로 본 것은 진짜 사람의 파생 개념일 뿐 신성으로 연결되지 않는다. 참사람과 진짜 하나님과는 완전히 별개의 영역이었다. 그처럼 기독교 전통신학에서 신성과 인성은 별개의 속성으로 예수 안에 공존하게 되었다.

그래서 예수 그리스도의 수난은 예수 속의 인성의 수난으로 이해되었을 뿐 신성의 수난은 아니라고 보았다. 인간 예수가 수난당한 것이지, 성자 하나님이 수난당한 것은 아니라는 말이다. 예수 그리스도의 신성의 수난을 말하게 되면 곧바로 성부의 수난으로 이어질 위험이 있다. 그러나 하늘에 계신 하나님으로 상징되는 성부는 초월자로서 인간에 의해 수난당할 수 없는 전능한 분이어야 했다. 그래서 성부수난설로 인도하는 3세기 신학자 사벨리아누스의 생각 역시 이단으로 정죄되었다. 이러한 가운데 중세에는 십자가의 예수는 사라지고, 하늘에 승천한 영광의 그리스도가 강조되었다. 이것은 상대적으로 예수의 신성이 강하게 작용함으로, 성자가 성부와 통치의 파트너가 되었음을 의미한다. 그렇게 해서 왕이신 예수의 통치는 교회의 영광과 일치했다.

그렇게 되면 그리스도가 너무 높아져서 중보자의 기능이 약화된다. 중세에 성모 마리아 숭배가 나왔던 데에는 그리스도의 신성이 너무 강화된 데 중요한 원인이 있다. 신이 아닌 마리아가 중보자 역할을 해서, 마리아를 상대로 이야기하고 하소연하고 기도하게 된 것이다.

5

예수의 정체에 대한 중대한 신학의 변화는 종교 개혁과 함께 일어났다. 마르틴 루터는 속성의 교류(communicatio idiomatum)를 말했다. 이것은 예수 안의 인성과 신성이 별개로 존재하지 않고 서로 교류한다는 것이다. 루터는 성만찬 논쟁을 통해 신성의 편재하는 효과가 인성에도 미친다고 주장했다. 그러나 속성의 교류는 성만찬뿐 아니라 그리스도의 수난을 해석하는 데도 영향을 미칠 수밖에 없다. 그리스도의 수난이 단지 인성에 그치지 않고, 속성의 교류에 따라 신성에도 그 효과가 미치는 것이다. 처음에는 그리스도의 신성이 인성에 미치는 효과에서 출발한 속성의 교류 담론이, 인성이 신성에 미치는 효과로 확대되면, 그리스도 수난을 하나님의 수난으로 이해할 길을 열어 놓게 되는 것이다. 속성의 교류를 통해 인성에 일어난 일은 신성에 영향을 미친다. 예수의 수난은 인성의 수난이지만 신성에도 영향을 미친다. 이러한 변화는 아직 성부수난설에 이르지는 않았지만, 진짜 사람인 예수의 수난이 진짜 하나님의 수난으로 이어지므로, 하나님 자신의 수난에 접근하게 되었다.

하나님이 수난을 당한다는 것은 하나님의 개념 모순이다. 하나님은 전능하므로 수난당할 수 없는 분이기 때문이다. 그러나 종교 개혁은 그리스도의 인성의 수난이 그분의 신성에 미친다고 보았다. 하나님의 수난을 말하기 시작한 것이라고 할 수 있다. 이것이 의미하는 것은 무엇일까? 종교 개혁과 함께 이제 하나님은 초월적이고 전능한 분으로만 남아 있을 수 없게 되었음을 의미한다. 그리스도교의 중심이 그리스도, 곧 성자 하나님에게 있다면 하나님의 전능하심이 수난을 통해 해석되어야 한다. 성자 하나님은 수난의 하나님이기 때문이다. 전능과 수난이라는 서로 모순된 개념의 통일을 어떻게 설명할 것인가? 한국 교회는 수난을 속죄의 능력으로만 해석한다. 그것은 너무 안일한 해석이다. 왜냐하면 대속의 능력은 하나님의 전능한 모습일 뿐이기 때문이다. 그리스도의 수난을 만인을 구원한 속죄의 능력으로만 보면, 전능과 수난의 변증법이 없어지고 전능만 남는 셈이다. 그렇게 되면 한국 교회는 삼위일체 하나님의 온전한 모습을 살리지 못하고, 전능한 하나님인 성부 중심의 교회가 되어 힘을 숭배하는 원시 종교의 모습을 갖게 된다.

그리스도의 수난을 슬퍼함

중세 미술에서 십자가의 그리스도는 그 얼굴이 평온하다. 그것은 인간 예수가 아닌 권능의 그리스도를 강조했기 때문이다. 중세의 신학은 십자가의 신학이 아니라 영광의 신학이다. 부활해서 승천한 영광의 그리스도가 그리스도론의 핵심이었던 것이다. 비잔틴 예술에서 그리스도의 얼굴은 빛이 난다. 근엄하고 평온하며 영광을 받은 모습이다. 하늘 보좌에 앉아 세상을 주재하는 주권자의 모습이다.

이처럼 그리스도가 땅에서 하늘로 올라가고 인간과의 거리가 너무 멀어지면서, 마리아 숭배가 생겨났다. 인간의 하소연을 들어줄 인간적인 존재가 필요했던 것이다. 그리스도는 경배의 대상일 뿐이고, 삶의 고통을 같이 나눌 교통의 상대가 아니게 되었다. 그러면서 교회는 더 권위적이고 초자연적 실체로 변해갔다. 하나님을 마음으로 믿는 것이 신앙이 아니라, 교회라고 하는 초자연적 실체에 받아들여지는 것을 신앙으로 생각했다. 하나님은 군림하고 통치하는 이미지를 지니고 있었고, 삼위일체는 성부에 통합되어 갔다. 교회와 세상은 성과 속으로 이분화되면서 신앙은 미신화되어 가는 경향이 강했다.

서양의 중세를 지나고 르네상스에 들어가면서, 십자가의 그리스도를 그리거나 조각한 작품이 많이 나왔다. 13세기 말부터 14세기 초에 활동한 이탈리아의 화가 지오토(Giotto di Bondone, 1267~1337)는 십자가에 달린 그리스도의 고통을 실감나게 그린 것으로 유명하다. 그리스도의 고개는 떨구어져 있고, 몸은 갈비뼈가 튀어나와 휘어져 있으며, 얼굴은 고통의 기색이 역력하다. 그리고 옆구리에서는 피가 쏟아져 나온다. 인간 예수의 형상을 그리기 시작한 것이다. 그리스도의 영광이 아니라 그리스도의 수난의 고통을 묘사한 것이다.

이것은 사람이 그리스도의 죽음을 제대로 슬퍼하기 시작했음을 의미한다. 16세기 루벤스(Peter Rubens, 1577~1640)의 그림에서 십자가의 그리스도는 근육이 세밀하게 묘사되고, 따라서 일그러진 육체와 얼굴도 생생하게 묘사되고 있다. 그리스도의 죽음을 슬퍼하는 사람들도 그려지고 있다. 그리스도를 경배하기 전에, 슬퍼하기 시작한 것이다. 그리스도의 수난은 경배할 위대한 대속의 사건이기 전에, 슬퍼해야 할 한 수난의 사건이었던 것이다. 미켈란젤로의 작품으로 유명한 피에타 조각에도 마리아의 무릎 위에 놓여 있는 그리스도는 인체해부학적으로 정확하게 묘사된 신체비율을 지니고 있다. 드러난 갈비뼈와 늘어진 육체는 죽음의 고통을 표현하기에 넉넉하다. 그리고 마리아는 거룩한 얼굴이 아니라 아들의 죽음을 애도하는 깊은 슬픔의 얼굴을 하고 있다.

당시에는 아직 역사적 인간으로서의 예수에 대한 연구는 없었다. 16세기 루터가 말한 '속성의 교류'가 르네상스나 근대 초기의 그리스도론을 대변한다고 할 수 있다. 그렇다면 당시 사람들이 느낀 인간 예수(인성)의 고통은 성자 하나님(신성)의 고난으로 이전된다. 그리스도의 수난은 곧 하나님의 수난이다. 인간 예수의 수난은 인정하되 신으로서의 성자하나님의 수난은 인정하지 않았던 3, 4세기 이래 중세까지의 관념에 변화가 온 것이다. 그처럼 신학의 변화와 예술의 변화는 밀접히 연관되어 있었다. 이제 사람은 하나님의 수난을 그리고 말하고 슬퍼하기 시작했다. 이것은 사순절의 핵심 주제지만, 하나님의 수난을 정면으로 말하지 못했다가, 때가 되어 슬퍼하기 시작한 것이다. 이것은 인간의 성숙을 의미한다.

2

자식이 크면 부모의 마음을 이해하며, 말 안 듣고 고집을 피웠을 때 안타까웠을 부모의 심정에 공감한다. 그것이 성숙한 성인에게 다가오는 공감 능력이다. 나이가 들어봐야 부모의 마음을 안다. 하나님의 죽음을 슬퍼했다는 것은 이제 인간이 컸음을 의미한다. 어린 아이의 신앙을 벗고 딱딱한 음식을 먹어도 되는 성인의 신앙이 되었음을 의미한다. 하나님에게 뭔가를 늘 바라며, 자신의 고통을 알아주고 공감해 달라고 요구하던 시절에서 벗어나, 르네상스와 종교 개혁 이후의 인간은 이제 하나님의 고통을 알아주고 이해한다. 고통에 대한 공감 능력은 사랑과 정의의 가장 핵심적인 요소다. 유학에서는 인(仁)을 감수성 곧 고통에 대한 공감 능력으로 본다. 그리스도의 수난을 슬퍼하며 공감하기 시작했다는 것은, 인간이 사랑과 정의의 주체로 등장한다는 것을 의미한다. 사랑과 정의는 하나님의 대명사이지만, 이제 인간도 하나님을 사랑함으로, 하나님과 인간의 관계가 주체 대 주체의 관계가 된다. 현대 신학에서 실체라는 개념 대신에 주체라는 개념이 핵심 개념으로 된 것은 그처럼 그리스도의 수난을 슬퍼하는 인간의 등장과 관련이 있다.

이제 인간은 단지 그리스도의 속죄의 능력을 경배하는 데 그치지 않고, 하나님의 고난에 공감하며 수난의 세계에 참여하는 것이다. '참여'라는 개념은 플라톤 이후로 기독교 신학에서 사람이 하나님의 선과 능력에 참여하는 것이었다. 하나님은 언제나 선이면서 힘의 근원이다. 그래서 인간이 선하고 싶으면 하나님의 선하심에 참여하고, 힘을 갖고 싶으면 하나님의 힘에 참여하면 된다. 신앙을 통해 성령의 인도하심으로 그런 참여가 가능하다고 보았다.

그러나 이제 십자가를 슬퍼하는 과정에서 사람은 하나님의 고통에 참여한다. 과거에는 고통의 문제에 있어서 참여는 언제나 위에서 아래로 향하는 것이었다. 부모가 자식의 고통에 참여한다. 자식은 부모와 다른 몸이지만, 자식이 아프면 부모가 같이 아파한다. 성육신이나 십자가 사건은 그런 고통 참여의 각도에서 이해될 수 있다. 그러던 것이 르네상스 이후 상향식의 고통 참여로 바뀌었다. 사람이 하나님의 고통에 공감하게 된 것이다.

3

　　고통 참여의 문제는 악의 문제와 관련해서 매우 민감한
문제다. 종교나 인문주의는 한결같이 세상의 고통에서 해방되는 것을 추
구한다. 구원이란 고통으로부터의 해방이라고 할 수 있다. 그런데 십자가
의 수난이란 세상의 고통을 없애기 위해 하나님의 아들이 고통을 당했다는
것이다. 이것을 어떻게 설명할 것인지는 그리 단순한 문제가 아니었다. 중
세 스콜라 신학에서는 하나님이 인간의 고통에 참여하지 않는 것으로 설명
했다. 하나님은 공감하지 않고 인간을 돕는다. 다만 베풀어 주기만 할 뿐이
다. 공감하면 인간의 고통이 하나님에게 전달되기 때문이다. 하나님이 인
간의 삶의 고통에 동참하고 아파한다는 식의 설교는 종교 개혁 이후에나
가능한 것이다. 16세기 마르틴 루터의 신학에서 속성의 교류를 통해 하나
님의 수난 문제가 제기될 가능성이 열렸고, 그 문제는 20세기 신학자 위르
겐 몰트만(J.Moltmann, 1926~)의 「십자가에 달리신 하나님」에서 제대로
신학적으로 정립된다. 몰트만 이전에 하나님 수난은 그리스도의 신성의 수
난으로 이해되었다. 예수 그리스도의 인성의 수난이 속성의 교류에 의해
신성에 미치는 것이다. 그러니까 하나님이 적극적으로 인간의 고통에 참여
하는 것이 아니다. 여하튼 점차 하나님의 수난을 말하고 싶어 하는 신학의
변화는, 사람이 하나님의 고통에 공감하는 르네상스의 변화에서 비롯된 것
으로 보인다. 사람이 성숙하고 난 후에 그리스도론에 변화가 온 것이다. 사
람은 그리스도의 십자가를 막을 수는 없으나 슬퍼할 수는 있다. 슬퍼하는
것은, 그리스도의 십자가를 막지 못하는 자기 자신과 세상의 죄에 대한 인

식을 전제로 하고 있다.

흔히 그리스도의 십자가는 단 한 번 그때 거기서 일어난 사건이라고 한다. 그것이 기독론의 대전제였다. 그 다음에는 보좌에 앉아 하늘에서 통치하는 영광의 그리스도를 경배해야 했기 때문이다. 그렇지 않으면 수난당할 수 없는 성부 하나님에게까지도 수난이 미치는 결과가 생긴다. 그러나 왜 15세기에 이르러 슬퍼하는 그림이 나오기 시작했을까? 교리적으로 그리스도의 십자가가 단 일회적이었다 할지라도, 사람들이 십자가를 슬퍼하는 것은 계속되는 현상이다. 그리스도 수난에 대한 슬픔은 인간의 자기 슬픔과 연관된 것이기 때문이다. 인간의 자기 슬픔이란 인생에 수반되는 죄에 대한 슬픔이다. 현대 신학에서 독일의 몰트만(Jürgen Moltmann) 같은 학자는 십자가가 삼위일체 안에 새겨져 있다고 한다. 그것은 하나님의 수난의 영원성을 말하고자 하는 것이다. 중세까지만 해도 상상할 수 없었던 말이다. 수난이라고 하는 수동적 현상은 전능하신 하나님에게 맞지 않는 것이기 때문이다. 그러나 십자가에 달리신 하나님을 두고 인간의 슬픔이 계속되는 한, 십자가는 영원한 것일 수밖에 없다.

슬픔은 인간의 자책에서 비롯된 괴로움과 관련이 있다. 악을 행하는 자기 자신을 막지 못하는 것에 대한 뉘우침과 회한, 그리고 여전히 현재 진행형인 서로에 대한 폭력에 대한 자책감이다. 또는 구조 악이라고 하는 세상의 폭력에서 발을 빼지 못하고 살아야 하는 삶에 대한 통찰이 들어 있다. 그 자책은 자학이 아닌 거룩한 겸허이다. 자책에는 자기반성이 들어 있으며, 동시에 숨어 있던 악을 기억하고 자기 속에 통합하는 자기 수용과 위로까지 들어 있기 때문이다. 십자가 밑에서 슬퍼하는 슬픔에는 도덕적 완성의 이념은 없다. 십자가는 영원하기 때문이다. 그러므로 그 슬픔은, 하나님이 고통을 당하지 않도록 죄를 짓지 말아야 한다는 결심보다는, 나와 세상 때문에 지금도 십자가의 수난을 안고 있는 하나님의 사랑을 확인하는 쪽에 더 가깝다. 하나님의 나라는 저쪽에서 오는 선물이요 은혜이다. 이쪽에서 만들어 완성할 수 있는 것은 아니다.

그러므로 십자가 밑의 슬픔에는 인간의 한계를 수용하는 따뜻함이 있다. 자기와 남을 도덕적으로 공격하기 보다는 죄를 피하지 못하는 자신이나 남에 대한 위로가 있다. 그것은 게으름과는 거리가 멀고 오히려 겸허함이라고 해야 할 것이다. 마음 놓고 죄를 지어도 된다는 식의 도덕적 회의주의와는 거리가 멀다. 골고다에 십자가가 세워질 때 멀리서 슬픔으로 지켜보던 여인들처럼, 오늘날 그리스도의 수난을 슬퍼하는 것에는 어떤 거룩함이 있다. 도덕적 완성을 향한 거룩함이 아니지만, 도덕적 효과가 있다. 사람은 죄를 안 지으려고 애쓰기 보다는 자신이 죄인임을 인정함으로 죄에서 멀어진다. 이것이 기독교가 인문주의에 대해 제시한 해결책이다. 십자가는 대속의 능력에서뿐 아니라, 우리를 슬퍼하게 만드는 능력으로도 우리를 정화한다.

4

십자가 밑에서 슬퍼하는 것은 신정론(神正論)이 제시하는 해답을 넘어선다. 기독교는 기본적으로 한 분의 선하신 하나님을 믿기 때문에, 세상의 악을 두고 하나님을 변호하는 신정론의 문제가 생긴다. 하나님이 선하시고 전능하시다면 왜 세상에 악이 있고 고통이 있는가? 이 물음은, 전쟁을 통해 무고한 시민들이 수없이 죽어나가는 등의 끔찍한 폭력이 휩쓸고 지나갈 때, 또는 한 사람이 예기치 못한 불행을 당할 때 생겨난다. 세상에서 의로운 사람은 고생하는데, 악한 사람들이 아무런 문제없이 잘 사는 것 같을 때에도 제기되는 물음이다.

신정론은 그런 것들을 모두 하나님의 선하신 섭리로 설명하려고 했다. 세상에 악과 고통이 있지만 하나님은 여전히 옳다고 본다. 그 선하심과 전능하심에 조금도 흠집을 내지 않으려고 하는 신학적 노력의 산물이 신정론이다. 이런 식의 설명은, 선한 우주적 원리를 설정한 성리학에서도 보인다. 퇴계는 대세(大勢)라는 표현을 사용했다. 악인이 잘되는 것 같아도, 대세는 선한 사람이 이기게 되어 있다는 이야기다. 크게 보면 선의 승리다. 그러나 욥기에서 보듯이, 하나님을 변호했던 친구들은 하나님에게 따지고 들었던 욥보다 옳지 못하다. 더구나 욥이 제사를 드려 친구들을 용서해 달라고 해야 신정론의 논리 속에 있던 친구들은 속죄함을 받을 수 있다. 그것이 욥기 마지막 부분의 이야기이다.

세상의 폭력이 전능하신 하나님의 선하심과 어떻게 양립할 수 있을까? 그것은 답하기 쉬운 문제가 아니다. 세상에서 일어나는 전쟁이나 집단 폭력도 모두 하나님의 섭리 안에 있다고 말하기 쉽지 않다. 그보다는 차라리 하나님께서도 그런 폭력에 의한 인간의 고통에 같이 참여하고 있다고 말하는 것이 낫다. 인간 사이의 폭력을 하나님도 안타까워하시고, 인간의 불행이 하나님에게도 고통이 된다고 보는 시각이 더 성서적이다. 전능하신 하나님이라는 개념을 약간 뒤로 물리지만, 그 대신에 사랑이신 하나님이라는 개념을 지킬 수 있기 때문이다. 그렇게 되면 악의 책임을 하나님에게 묻지 않고, 오히려 인간의 악 때문에 고난을 당하는 하나님의 수난을 공감하고 이해하는 성숙한 태도를 가질 수 있다. 그 때에 우리는 그리스도의 수난을 제대로 슬퍼할 수 있다. 하나님의 수난을 슬퍼하면서, 자신의 고통을 승화시키고 극복해 나가는 책임적이고 주체적인 인간상이 확립될 것이다.

세상에서는 힘이 최고이지만, **기독교인은 하나님을 믿기 때문에 힘에 모든 것을 걸지 않는다.** 힘에 대한 욕망에서 거리를 갖는 것은 인문주의자들이 말한 자기 수양의 문제와 통한다. 선과 힘의 관계를 역전시킨 인문주의자들의 길은 기독교 신앙에도 중요한 길이다. 다만 인문주의자들은 신앙 없이 그 길을 가려고 한 것이고, 기독교는 신앙 때문에 그 길을 가게 되는 것이다. **하나님은 선이시므로 전능하시다.** 이 문제는 기독교 신앙이 죄를 대속한 그리스도에 대한 신앙에 바탕을 두고 있다는 점에서도 분명해진다. 하나님의 사랑이 하나님의 존재나 힘보다 먼저다. 하나님이 존재하고 사랑하는 것이 아니라, 하나님은 사랑으로 존재할 뿐이라는 게 복음의 메시지이다. 그래서 **하나님의 힘은 사랑의 힘일** 뿐이다.

3

성부 중심의 한국 교회

이슬람 국가는 전통적으로 왕이 최고의 사제가 되는 일
종의 신정 정치 체제이다. 마호메트는 이슬람의 창시자이지만 동시에 전쟁
을 이끌었던 군인 통치자이기도 했다. 그 이후 정통 칼리프 체제에서도 정
치와 종교는 하나로 융합되었고, 그것이 이슬람 국가의 기본적인 전통이
되었다. 처음부터 세속적 권위와 종교적 권위를 분리해 왔던 기독교와는
다르다.

기독교를 국교로 공인한 콘스탄티누스 대제 이후의 로마에서도 교황과
황제는 서로 다른 사람이었다. 그리고 세례를 받아 서유럽이 기독교 국가
가 되는 데 중요한 계기를 마련한 프랑크 왕국의 샤를마뉴 대제 이후에도
교회는 정치적 권력에 참여하지 않았다. 오히려 도덕적 권위를 가지고 황
제를 비롯한 정치 권력자들을 견제하는 역할을 했다. 중세 교회의 신학자
들은, "네 이웃을 네 몸과 같이 사랑하라"거나 "가진 것을 팔아 가난한 사

람에게 주라" 같은 어려운 계명들은 사제들과 수도사 같은 종교인들의 몫으로 보았다. 그리고 일반 평신도는 이기심과 부의 축적이라는 죄를 지으며 살 수밖에 없다는 것을 인정했다. 그처럼 도덕성을 중심으로 사제와 평신도의 차이를 두었고, 그것을 근거로 교회의 권위를 정당화했다. 그리하여 원칙적으로 도덕성을 근거로 내세운 교회의 권위는 현실에서 세상을 지배하는 정치적 권위와 양립하며 절대 권력을 견제했다.

오늘날 서구가 민주 사회가 된 원인을 찾아 역사적으로 거슬러 올라가면, 서구 기독교의 정교 분리의 전통이 중요한 역할을 했다고 학자들은 본다. 교회가 절대 권력을 견제했기 때문이다. 그렇게 보면, 이슬람 국가에서 민주화가 더디게 일어나는 것은, 정치가 종교에서 벗어나지 못한 그들의 전통 때문이라고 할 수도 있다. 이슬람에서는 오랫동안 정치의 의미를 종교적 교리의 순수함을 지키는 데서 찾았다. 그런 의미에서 신정(神政) 정치이다. 1979년 혁명에 성공해서 종교의 최고지도자로서 정치적 최고 권력까지 행사했던 이란의 호메이니가 이슬람의 고전적 정치 형태를 보여준다. 종교적 계시의 힘으로 세상의 질서를 새로이 하고자 군사 행동을 했던 마호메트 이후 이슬람 국가의 왕들은 누구도 견제할 수 없는 강력한 권력을 누렸다. 종교의 시대에 왕권 위에 있는 존재는 신뿐인데, 그 신의 대리인이 왕이었기 때문에 결과적으로 왕은 다른 누구의 견제도 없는 셈이었다.

2

우리는 그러한 이슬람의 정치 전통의 근거를 그들의 신학에서 찾을 수 있다. 이슬람 신학에는 알라의 삼위일체가 없다. 거꾸로 말

한국 교회, 인문주의에서 배운다

132

하면, 기독교 사회에서 대의제가 발달하고 민주주의가 싹튼 것은 기독교의 하나님이 삼위일체(三位一體)라는 점과 무관하지 않다는 이야기다. 기독교나 이슬람이나 모두 유일신을 믿지만, 이슬람의 신은 삼위(三位)가 없는 유일신이다. 그것은 기독교에 비해 이슬람이 더욱 강력한 유일신 신앙을 가졌다는 것을 의미한다. 사실, 삼위일체는 삼신(三神)을 인정하는 것처럼 보여서 수많은 논쟁과 이단을 만들어 냈다. 오늘까지도 삼위일체에 대한 새로운 해석이 끊임없이 나오는 것은, 그만큼 삼위일체가 문제를 안고 있는 개념임을 암시한다. 그런 위험을 무릅쓰고도 삼위를 말한 것은, 십자가에 달린 예수가 하나님의 아들이요, 그 분이 바로 하나님이라는 신앙 고백에서 비롯된 것이다. 다시 말하면 삼위일체의 핵심은 성자(聖子)에게 있다고 할 수 있다. 십자가에 달린 하나님이 사람들이 이미 믿고 있던 '하늘에 계신 하나님'과 어떤 관계인지를 설명하는 과정에 삼위일체 교리가 확립되었다. 말하자면, 수난 받으신 하나님과 전능하신 하나님의 관계가 삼위일체론의 핵심이었다.

알고 보면 유일신 신앙이란 하늘에 계신 하나님을 믿는 것이었다. 그 분은 복음서에서 그리스도의 아버지 하나님으로 지칭되는 존재이다. 그런데 이제 십자가에 달린 그 분을 다시 하나님으로 믿는다면, 하늘에 계신 하나님과 십자가에 달리신 하나님은 무슨 관계에 있는지 의문이 들지 않을 수 없다. 니케아-콘스탄티노플 신조에서 삼위일체를 교리로 확립하기까지 줄곧 문제의 핵심은 성부와 성자의 관계였다. 신이 셋이 되는 것을 막으려면 성자나 성령은 성부보다 못한 존재요, 성부와 같은 신이 아니라고 해야 했다. 그래서 나온 것이 양자설(養子說)과 아리우스파이다. 그들은 그리스도의 신성(神性)을 약화시키면서 유일신을 지키려고 했다. 또한 역동적 군주론(Dynamic monarchism)이라는 것이 있는데, 그것은 양자설과 비슷한 것으로서 예수가 인간이었지만 세례를 받을 때 신의 영이 내려와 메시아적인 힘(dynamis)을 지니게 되었다고 본다. 인간적 면을 강조함으로 성부의 군주적 지위를 확보하려고 했다.

한편 그리스도를 하나님으로 보면서 유일신을 지키려면, 그리스도의 독자적 위상을 찾아야 했다. 그래서 가현설(假現說)이 나왔고, 양태론적 군주론(Modelistic monarchism)이 교회 안에서 설득력을 얻었다. 양태론적 군주론은 성부와 성자와 성령은 한 분 하나님이 나타나는 세 가지 양태(model)일 뿐이라고 함으로써, 평신도들에게 가장 이해하기 쉬운 삼위일체론으로 각광을 받고 영향력을 끼쳤다. 사벨리우스는 한 분 하나님이 성부로도 나타났다가 성자로도 나타났다가 성령으로도 나타난다고 하였다. 그리하여 그는 유일신을 지켰지만, 그리스도의 인성을 무시하게 되고, 따라서 그리스도의 수난이 진정한 한 인격체의 수난이 아니게 만들었다. 동시에 성자의 수난이 곧 성부 하나님의 수난이 되었다. 성부 하나님의 수난은 하늘에 계신 하나님의 수난으로 당시 기독교의 신앙과 맞지 않았다. 성자 하나님이 수난 받더라도 성부 하나님은 여전히 수난 받지 않고 전능한 채로 남아 있어야 했기 때문이다. 그래서 양태론적 군주론은 이단으로 정죄되었다. 그들은 유일신을 유지하려고 성부의 독재를 인정했고, 결국 성부 수난설로 빠지고 만 것이다. 성부 독재란 말을 쓴 사람은 2세기 카르타고의 교부인 터툴리아누스이다.

3

4~5세기에 니케아 종교 회의와 칼케돈 회의에 이르기까지 수많은 논쟁이 있었는데, 이 모든 논쟁이 십자가에서 수난 받은 분을 하나님으로 믿으면서 발생한 것이다. 그냥 전능하신 하나님만 믿었으면 논쟁의 소지가 없었을 것이다. 그러나 기독교의 정체성이 십자가에 달리신 그분을 육신을 입은 하나님으로 믿은 데 있었기 때문에, 그 믿음과 전능하신 하나님에 대한 믿음이 어떻게 양립할 수 있느냐는 문제가 발생한 것이다. '전능하신 하나님의 수난'이라는 말은 모순된다. 전능하신 분은 수난 받으면 안 된다. 그래서 교회는 전능하신 하나님과 수난 받으신 하나님을 구분하는 논리를 폈다. 결국 성자는 전능한 하나님과 구분되는 하나님이다. 그것은 기독교의 하나님이 절대(絕對)의 존재일 뿐 아니라 상대(相對)의 존재이기도 함을 의미한다. 흔히 절대자 하나님을 믿지만, 그 속에 상대하는 하나님의 모습이 같이 들어 있는 것이다. 그 점에서 이슬람의 신과 다르다.

기독교의 하나님의 특징은 인간을 상대하는 데 있다. 성자는 사람이 된 하나님으로서 사람을 상대했다. 이것은 기독교라는 종교가 휴머니즘을 품고 있음을 암시한다. 성부는 절대자 하나님의 모습을 유지한다. 상대(相對)란 서로 상(相)에 대할 대(對)로서 서로 대하는 것이고, 절대(絕對)란 끊을 절(絕)에 대할 대(對)로서 대하기를 끊은 것이다. 기독교라고 하는 유일신교의 특징이 그리스도에 있다면, 그것은 사람을 상대하지 않고 군림하는 절대의 하나님보다는 자신을 사람 앞에 노출시키고 사람을 '상대하시는 하나님'을 믿는 종교라고 할 수 있다.

상대하면 상대방의 영향을 입는다. 영향을 입는 것이 그리스도 수난의 핵심이라고 할 수 있다. 흔히 그리스도의 수난은 대속(代贖) 행위로 말하고 끝난다. 대속은 십자가 사건의 결말이지만, 그 결말에 도달하기까지 사람들을 만난 그리스도의 삶이 있다. 수난의 의미는 그 만남에서부터 찾아야 한다. 사람을 상대하면서 슬퍼하고 기뻐하고 분노한 것은, 그 자체가 하나님 속성의 훼손이다. 그리스도의 감정은, 사람이 되신 하나님이 죄 많은 세상을 '겪고' 그 세상에 사는 인간의 고통에 감응되어 일어난 현상이다. 감응(感應) 없이 상대하지 않고 절대자로서 베풀어주기만 하면, 고통을 겪지도 않고 상대방의 영향을 받지 않는다. 예를 들어 어려움을 겪는 이들에게 매달 얼마씩 돈을 보내는 것은 좋은 일이지만, 그들의 고통에 직접 감응할 기회는 없다. 그러나 직접 가서 어려운 이들을 만나면 마음이 괴로워진다. 감응하여 감정이 산출되는 것이다. 아마 우리나라에서 형법의 처벌방식의 하나로 시행되는 사회봉사 명령도 그런 의미가 있을 것이다. 이 사회에서 어렵게 사는 사람들의 실상을 직접 겪어 보라는 것이다. 상대하면 상대방의 영향을 입는다. 인간을 상대하신 성자 하나님에게 죄인인 인간의 고통이 전가되고, 하나님은 고통을 겪는다. 그런 점에서 그리스도의 수난은 유일회적 사건이 아니라 오늘도 계속된다.

4

이런 식의 이야기는 자칫 교회나 사제의 가부장적 권위를 약화시킬 수 있다. 상대하면, 거리를 둘 때의 종교적 신성함이 사라질 수 있기 때문이다. 그래서 중세 스콜라 철학에서는 하나님을 어떤 감정도 없이 베풀어 주는 분으로만 여겼다. 하나님은 사람을 상대하지 않고 명령하고 기적을 베풀어 주는 강력한 절대 권력자로 인식되었다. 그리스도도 수난의 그리스도가 아니라 하늘 보좌에 앉은 영광의 그리스도를 강조했다. 그리스도의 대속을 이야기했지만 엄밀한 의미에서 중세 교회는 성부 중심의 교회라고 할 수 있다. 그리스도의 수난도, 그리스도의 신성(神性)의 수난이 아니라 인성(人性)의 수난이라고 함으로써, 하나님의 수난을 피해갔다. 그것은 교회의 권위를 강력하게 만드는 데 도움을 주었다.

그러나 종교 개혁자 마르틴 루터는 중세의 '영광의 신학'을 벗어나 '십자가의 신학'을 주창하면서, 속성의 교류(communicatio idiomatum)를 말했다. 그리스도 안에서 인성과 신성이 교류한다는 것인데, 그렇게 되면 인간 그리스도의 수난은 신성에 전달되어 하나님 그리스도의 수난이 된다. 하나님의 수난에 대해 본격적으로 말할 가능성이 열린 것이다. 이러한 신학의 변화는 르네상스 시기를 거쳐 16세기 유럽에서 인간이 커가는 것을 함축하고 있다. 하나님의 수난이 전면에 등장하면 그만큼 하나님의 절대성에 균열이 생기고 그 틈새로 인간 주체성이 싹트기 때문이다. 적어도 루터 이후 개신교의 하나님은 상대를 품은 절대자다. 사실 루터가 만인 사제설을 내세우며 교회주의가 아닌 복음주의로 구원을 설명하게 된 것은, 종교에서 개인의 주체성이 강화되어 가고 있음을 보여주는 것이다. 루터는 사람 위에 군림하는 교회 권력을 없애려고 했는데, 그것은 사람을 상대함으로 고난을 겪는 그리스도를 부각시키는 신학의 변화와 관련이 있었다.

오늘날 몰트만 같은 현대 신학자는 하나님의 수난을 성부 하나님까지 연결시켜 이해한다. 초대 교회 당시 이단으로 여겼던 성부 수난을 주장하는 것은, 하나님과 인간의 관계를 주체 대 주체의 관계에서 파악해야 하는 현대의 상황 때문이다. 말하자면 상대하시는 하나님이 절대의 하나님보다 현대 신학에서 우위를 차지한다는 말이요, 그것은 종교 개혁의 전통이고, 더 나아가 초대 교회의 삼위일체의 논쟁 속에 들어 있던 기독교의 특징이기도 하다.

5

한국의 교회는 성부 중심이라고 해야 할 것 같다. 터툴리아누스가 비난했던 성부 독재가 이루어지고 있다. 군주적인 하나님이 강조되고, 그 바탕에 군주적 모습의 사제가 군림해 왔다. 한국 교회에서는 붉은 십자가를 달아 놓기를 좋아하지만, 그리스도의 수난을 속죄의 은총으로만 말하기 때문에 여전히 전능한 하나님만 강조된다. 단 한번 일어난 십자가 사건으로 인간의 모든 죄를 사한 것은 대단한 권능이다. 그러므로 십자가를 속죄의 은총으로만 생각하는 것은 전능한 하나님을 강조하는 것이다. 또한 한국 교회는 성령을 강조하고 성령 운동으로 부흥했지만, 부흥운동의 성령은 그리스도의 영이 아니라 성부의 영이다. 그렇게 되면 교회는 휴머니즘의 요소를 약화시키면서 역사의식이 떨어진다. 역사적으로 볼 때, 동방 정교회는 성령이 성부의 영임을 강조하면서 서방 교회와 갈라졌다. 동방 교회가 매우 신비적인 예배 의식을 가진 데에는 그런 교리적 배경이 있다. 신비적인 동방 정교회 국가는 황제가 종교의 수장을 겸했고, 교회는 절대 권력을 견제하지 못하고 정당화했다. 신학자 폴 틸리히는 동구와 러시아에서만 공산주의 혁명이 성공한 까닭을 종교에서 찾았다. 서구의 개신교와 가톨릭은 역사의식이 있어서, 민중에 대한 국가권력의 횡포에 대해 비판의식이 있었지만, 동구와 러시아의 정교회는 그렇지 못했다는 것이다. 그래서 공산주의가 출현했을 때 백성들은 교회에 등을 돌리고 혁명군을 지지했다는 것이다. 정교회가 역사의식이 약하고 신비주의적 경향이 강했던 이유를, 성부의 영을 강조한 교리에서 찾을 수 있다.

우리나라 교회에서 강조하는 전능한 하나님은 성부의 모습이다. 성자는 전능을 미루고 사람을 상대하신 끝에 무능한 모습으로 십자가에 돌아가셨다. 성부 하나님은 하나님을 위한 하나님이지만(모든 것은 하나님을 위해 있다), 성자 하나님은 사람과 세상을 위한 하나님이다(모든 것은 사람을 위해서 있다). 사람을 위하되, 대하면서 위한다. 대하지 않고 위하면 상대방을 주체로 키우지 않는 권위주의가 발생하고, 민주적 관계가 싹트기 어렵다. 삼위일체의 성자 하나님은 대하면서 위하는 하나님이요, 그래서 인간은 책임적 주체가 되고 존엄한 자아정체성을 갖게 된다. 상대하면 상대방이 크기 때문이다. 교수가 학생들을 상대하면 학생이 크고, 부모가 자식을 상대하면 자식이 큰다. 상대는 권위 실추의 위험이 있지만, 가장 성숙한 사랑의 방식이기도 하다. 하나님의 은총을, 상대가 안 되는 나를 상대해 주시는 것으로 이해할 수 있지 않을까? 성부 중심에서 성자 중심으로 옮겨갈 때, 한국 교회는 삶을 위로하면서도 민주화를 지향하는 시대정신을 선도하는 영성을 갖게 될 것이다. 성자 중심은, 신본주의도 아니고 인본주의도 아니다. 그것은 하나님 중심과 인간 중심이 긴장을 잃지 않고 통일되어 있는 것이다.

전능하신 하나님

|

　그리스도인이 믿는 하나님은 전능하신 하나님이다. 전능이라는 것은 뭐든지 할 수 있고, '마음대로' 할 수 있는 힘을 가리킨다. '마음대로' 또는 '마음먹은 대로 한다'는 표현에는, 전능이라는 힘 개념이 마음을 가진 존재라는 인격체 개념과 결합되어 있다. 기독교의 하나님은 정(情)과 의지(意志)가 있는, 그리고 생각이 있는 존재다. 그래서 구약에는 하나님이 인간 현실을 보고 세상 지은 것을 후회하시는 이야기도 나오고, 모세의 기도를 듣고 마음을 바꾸시는 이야기도 나온다.

　그런데 뭐든지 '마음'대로 할 수 있다고 해서 뭐든지 자기 '멋'대로 할 수 있는 존재라면, 그 전능은 폭군의 전능이 될 것이다. 좋음과 연결되지 않은 경우에 전능한 힘은 두려움의 대상일 뿐이다. 그래서 과거의 원시 종교에서는 신은 두려움의 대상이었고, 사람은 늘 부정 타는 것에 대한 두려움 속에 살았다. 그러나 기독교의 하나님은 자의적인 하나님이 아니라 좋으신 하나님이다. 하나님은 좋지 않을 수 없다. 너무 좋은 분이라 사람을 사랑하지 않을 수 없는 분이다. 그런 점에서 좋은 쪽으로 필연성에 묶여 있는 분이요, 따라서 자의적으로 자기 힘을 사용하는 폭군이 아니다. 좋음, 사랑, 힘 같은 단어들은 기독교의 신론을 형성하는 아주 근원적인 말이다. 사람들이 전능하신 하나님을 믿을 때, 이미 좋으신 하나님이 전제되어 있다.

좋으신 하나님의 그 좋음이란 무엇인가? 도덕적 선도 좋음이고 욕망의 충족도 좋음이다. 그런데 전능하신 하나님을 믿을 때, 흔히 그 전능은 우리가 바라는 것을 언제든 줄 수 있는 힘을 가진 하나님을 가리킨다. 전능하신 하나님이야말로 내 소원을 들어 줄 수 있는 분이기 때문이다. 하나님의 힘은 도덕적인 것이기 보다 우선 우리 욕망을 충족시켜 줄 수 있는 힘이다. 그렇게 되면 하나님은 우리의 욕망에 묶여 있는 존재가 된다. 우리 욕망의 도덕성이 어떻든 간에, 하나님은 우리 기도를 들어주시기 때문에 전능한 분이다. 그래서 사람들은 전능한 하나님에게 기도하며, 삶의 곤궁으로부터 벗어나고 풍요를 간구한다. 그런데 이처럼 전능하신 하나님에 대한 신앙이 도덕성을 중요하게 생각하지 않을 때, 그 신앙은 한 사회를 매우 혼란스럽게 할 수도 있다. 신앙이 힘에 대한 숭배와 구별되지 않기 때문이다.

2

사실 전능한 하나님은 기독교의 전유물은 아니다. 유일

신을 믿는 모든 종교는 전능한 하나님을 믿는다. 뿐만 아니라, 인간의 종교는 유일신 종교 이전부터 있어 왔는데, 그 모든 원시 종교에서 믿는 신도 전능하니까 믿었던 것이다. 전능한 하나님은 인간의 가장 오래되고 가장 강력한 종교성과 연결되어 있다. 인간의 생사화복을 주장하는 신에 대한 두려움과 섬김은 인간의 생존과 번식을 위해 오래전부터 중요한 역할을 해 왔다. 그것은 특별히 기독교다운 특징이라고 할 수 없다. 거기에는 힘에 대한 비판이 없이 오로지 힘에 대한 경외심과 찬양만이 있다. 그래서 대부분 인간의 신앙심은 힘을 숭배하는 인간의 종교성에 바탕을 둔 것이다. 사람은 알고 보면 힘을 숭배한다. 그처럼 힘을 숭배하게 되면, 모든 걸 힘이 해결해 준다고 믿고 모든 걸 힘과 힘의 대결로 받아들이고 힘으로 해결하려고 한다. 힘이야말로 인간이 가장 존경하고 성스럽게 떠받드는 것이다. 힘이 모든 것을 정당화(justify)한다. 그리하여 힘이 정의(justice)가 된다. 정당화(justify)된 것이 옳은(just) 게 되기 때문이다.

전능하신 하나님을 믿는 기독교인들의 마음속에는 힘이 최고라는 믿음이 있다. 그것은 험한 세상을 살아온 경험에서 생긴 믿음이기도 하다. 힘이 없으면 무시당하고, 힘이 생기면 인정받고 본인 스스로도 뭔가 존재감이 생기는 현실을 살아본 사람들은, 역시 인간 사회에서 힘이 최고라고 믿는다. 경험이 사람을 그렇게 만든다. 진화론자들은 그것을 진화의 결과라고 생각할 것이다. 진화론에 따르면 힘에 대한 숭배는 수십만 년 진화의 결과 유전자에 각인된 형질을 만들어 인간에게 지울 수 없는 품성을 형성하였다고 할 수 있다. 힘이 종교의 핵심이라는 것은 「성과 속」을 쓴 미르체아 엘리아데(1907~1986)를 비롯한 많은 종교학자들이 밝혀낸 바다. 말하자면, 힘 숭배는 인간의 골수에 새겨져 있는 종교성이라고 할 수 있는 셈이다. 진화론자들이 말하는 수십만 년 수백만 년의 긴 세월을 들지 않더라도, 이 땅에 태어나 사는 짧은 기간 동안에도 인간은 힘이 필요하다는 것을 잘 안다. 그리고 힘이 모든 것을 해결해 주는 최고의 해결사라고 하는 점을 사람은 충분히 경험한다. 그래서 사람은 힘 있는 사람을 경외하고 그 주변에 모이게 되어 있다.

3

그런 힘 숭배에 제동을 걸고 새로운 세상을 만들려고 한 사람들이 인문주의자들이다. 칸트(1724~1804)는 힘 숭배를 인간의 세상살이 경험에서 생겨난 악의 성향으로 보았다. 그는 인간의 도리는 하늘이 준 것이므로, 세상 경험에서 생긴 규범보다 앞서 인간을 규정하는 것이라고 보았다. 그것을 가리켜 선험(先驗)이라는 말로 표현했다. 세상살이에서 생긴 어떤 성향보다 앞선 하늘의 도리가 인간의 마음을 규정하는데, 그 도리에 따르지 않고 힘의 논리를 따라 결정하려는 마음이 악의 성향이다. 그 성향이 하도 뿌리 깊어서 칸트는 근본악 또는 뿌리 깊은 악이라고 표현했다. 힘 숭배가 인간의 마음에서 떠나지 않는 것을 그는 인간의 피할 수 없는 불순함이라고 보았다. 그가 「실천이성비판」에서 말한 것은, 인간의 도덕성은 순수한 실천이성에서만 찾을 수 있고, 경험에서 나온 처세술과는 정반대라는 점이다.

퇴계(1501~1571)도 마찬가지다. 퇴계는 인간 본래의 선한 성품(本然之性)

은 하늘에서 품수된 것이라고 했는데, 그것은 칸트가 말하는 선험과 같은 말이다. 그런 성품의 발현에서 도덕적 선이 생긴다고 보았는데, 결국 세상 경험에서 얻은 논리를 배제해야 한다고 생각한 것이다. 그가 고봉과의 유명한 사단칠정 논쟁에서 일상의 생활 감정인 칠정(七情)을 악에 기우는 감정이라고 본 것은, 우리의 일상적 감정이라는 것이 경험의 축적에서 생긴 것이요, 뭐가 이롭고 불리한지 경험하여 몸에 익은 대로 자동적으로 발생하는 것이라고 보았기 때문이다. 실로 얼마나 깊고 놀라운 통찰력인지 감탄하지 않을 수 없다. 그는 진화론의 지식은 없었지만, 인간의 경험이 이득 위주로 모든 것을 판단하는 성향을 만들어 내었음을 알고 있었다. 그는 인간에게 하늘에서 받은 선한 본성 말고 또 다른 품성이 본성처럼 자리 잡고 있다고 보았는데, 그것을 주희를 따라 기질지성(氣質之性)이라고 불렀다. 그리고 기질지성은 사람이 태어난 이후에 본성처럼 자리 잡은 것이라고 보았는데, 결국 이 땅에 태어나 살면서 생긴 성향이라는 뜻이다. 인간 세상에서 살아남으려면 자기 몫을 확실하게 챙겨서 힘을 축적하지 않으면 안 된다는 것을 알게 되고, 그런 경험이 축적되어 뿌리 깊은 성품을 형성했다고 보는 것이다. 그러나 퇴계는 그런 경험에서는 도덕이 나올 수 없다고 보았다. 인심(人心) 대신에 도심(道心)을 말한 까닭이 거기에 있다.

우리는 동서양의 인문주의자들의 통찰이 결국 인간의 경험의 법칙과는 정반대 측면에서 인간답게 살 도리를 찾았다는 것을 알 수 있다. 처세술과는 정반대 측면에 인간답게 살 도리가 있는데, 사람은 대개 처세술에 익숙해 있고 세상에서 살아남는 데 유리한 길을 찾는 기질이 우리의 감정을 만들어 우리의 생각과 행위를 지배한다. 감정이란 가능하면 생각하지 않고도 곧바로 행위가 나가도록 우리를 이끄는 장치다. 퇴계나 칸트가 왜 감정을 그토록 절제하고 감정에 끌려가지 않도록 주의하며 늘 깨어 있어야 한다고 말했는지 이해가 가는 대목이다.

4

그렇게 보면 아우구스티누스가 말하는 원죄론도 새로운 의미를 지닌다. 그는 악의 성향이 유전된다고 보았는데, 그가 말하려는 것은 유전에 있기보다, 사람이 악의 성향을 타고난다고 할 만큼 이기적 성향이 뿌리 깊다는 것이다. 유아세례의 필요성을 인정한 것도 그 때문이다. 유전설이 갖는 문제를 피하기 위해 그는 말년에 쓴 글 "원죄에 대하여"에서, "사람은 선하게 태어나지만 태어나자마자 타락한다"고 했다. 그의 발언은 인간의 악의 성향이 세상에서 살면서 형성된 것이라는 점을 암시하고 있다. 따라서 그의 원죄론은 인간 세상의 죄를 말하려고 한 것이다. 인간 세상에서 사는 한 죄를 짓지 않을 수 없다는 말이다. 그의 유전설은 오늘날 생물학자들에 따르면 틀린 말이 아니다. 아우구스티누스의 이야기는 신학적 의미를 지니는 이야기이지만, 셀 수도 없을 만큼 오랜 세월동안 각인된 생존의 비결이 유전자에 새겨져 다음 세대에 전해진다는 진화생물학자들의 말과도 일치되는 견해이다.

아우구스티누스는 성서를 따라, 하나님의 은혜로 거듭난 삶이라야 인간답게 살 길이 열린다고 보았다. 성령과 물로 거듭난 사람은, 오랜 경험이 축적되어 살 길을 새겨놓은 유전자로 이루어진 생물학적 인간과는 그 근본이 다른 인간을 가리킨다고 할 수 있다. 다시 말하면 씨가 다른 인간이라고 할 수 있다. 바울이 육에서 난 인간과 영에서 난 인간을 구분하여 말한 것도, 하나님을 믿는다는 것은 근본이 바뀌는 것임을 말한 것이다. 이는 출신이 달라지는 것을 말하는 것이다. 세상 경험에서 생긴 처세술의 법칙을 따라 사는 인간은 육에서 난 인간이요, 세상 경험이 아닌 믿음에서 나온 법칙을 따라 사는 인간은 영에서 난 인간이다. 전자는 땅의 사람이요, 후자는 하늘의 사람이다. 그처럼 아우구스티누스나 바울은 세상 경험이 우리에게 명령하는 법칙과 하나님의 법칙을 반대되는 것으로 보았다. 인문주의자들은 경험의 법칙과 반대되는 것을 선험적으로 인간에게 주어진 법칙이라고 보았는데, 바울이나 아우구스티누스는 하나님의 법 또는 성령에 이끌리는 마음씀씀이에서 경험을 뛰어넘는 자유로운 선의 발현을 보았던 것이다. 그리고 마음씀씀이를 넘어 아예 마음씨, 곧 마음의 '씨'가 새로이 창조되어야 한다고 보았는데, 그것을 가리켜 '거듭난다'고 한 것이다. 세상 사람들과는 씨가 다른 인간이 성령을 통해서 창조되는 것으로 보았다고 할 수 있다. 사람은 부모에게서 나는데 그것은 육에서 난 사람이요, 다시 한 번 성령으로 나야 하는데 그것이 영에서 난 인간이다. 두 인간의 부류는 씨가 다른 것이다. 그렇게 보면 거듭난다는 것은 새로운 종, 새 인류의 탄생을 말한 것이라고 할 수도 있다. 예수님이 씨앗의 비유를 많이 말한 것도 우연은 아닐 것이다.

5

다시 전능하신 하나님에 대한 신앙의 문제로 돌아가 보

자. 오래된 경험의 법칙은 우리들에게 처세술을 가르쳤고, 생존과 번식에 유리한 길을 찾은 끝에 종교를 만들어 내었다. 그 종교는 힘을 숭배하는 종교이다. 힘 있는 신을 의지하고, 그 신을 믿으며, 이 땅에 살면서 힘을 갖기를 바란다. 우리 경험의 법칙에서 볼 때, 힘은 어디에서 나오는가? 돈과 재력과 높은 지위에서 나온다. 그래서 전능하신 하나님은 돈과 재력과 높은 자리를 확보하게 해주는 하나님이다. 특히 지난 100년의 경험에서 우리나라 사람들은 힘없으면 인간 취급도 받지 못한다는 것을 몸에 익혀 알고 있다. 경험이 축적되면 몸에 익어서 자동반사로 생각과 행위를 지배한다. 인간답게 사는 길이 도덕성에 있다거나, 의롭게 사는 것이 인간다운 길이라는 이야기는 사치스런 이야기일지 모른다. 그런 말이 옳은 줄 알아도 경험의 축적이 만든 본능이 이성보다 더 강하다. 본능과 이성의 싸움에서 본능으로 돌아간다. 본능과 믿음의 싸움에서 본능으로 돌아간다. 그리고 믿음 자체가 아예 비이성적인 본능에 충실하게 제조되어 있다. 그것이 오늘날 전능하신 하나님을 믿는 신앙의 가장 밑바닥에 깔려 있고, 가장 많은 부분을 차지한다.

힘이 최고이기 때문에, 최고인 하나님은 힘일 뿐이다. 힘에 대한 비판이 설득력을 지니기엔, 힘에 대한 숭배와 존경심과 경외심이 너무 뿌리 깊다. 전능하신 하나님에 대한 신앙이 그렇다. 물론 힘은 좋은 것이다. 악을 이기려 해도 힘이 있어야 한다. 그리고 하나님이 힘이 없으면 누가 하나님을 믿겠는가? 그러나 힘에 대한 비판을 모르는 힘 숭배는 원시 종교적인 본능의 요소만 남는다. 그렇게 되면 오로지 경험의 법칙을 따라, 어떻게 해야 자기와 자기 자식의 생존과 번영에 유리한지에 따라 신을 섬긴다. 그래서 도덕성이고 뭐고 따지지 않고, 수단방법 가리지 않고 힘을 갖는 것이 하나님의 축복이라고 생각한다. 힘이 모든 것을 정당화하는 현실을 너무나 잘 알기 때문이다. 힘이 있으면 많은 사람들이 따라붙으니까 결국 정당화되는 셈이다. 힘이 도덕성까지 확보해 주는 현실이다. 이상하게 우리나라에서는 기독교인일수록 그런 논리에 더 익숙한 것 같다. 교회 성장도 그것이 목표가 되는 한 힘을 추구하는 것이다. 숫자는 힘이기 때문이다. 결국 힘을 하나님으로 보는 심리가 교회 안팎에 꽉 차 있는 셈이다.

신앙이 없어도 생각이 있는 사람들은, 힘만 있으면 모든 게 통하는 세상을 한탄스러워할 줄 안다. 극복하지는 못해도 비판할 줄은 안다. 힘 있는 신에 대한 두려움을 극복한 현대의 세속화된 사회의 지식인들은 특별히 그렇다. 그들은 종교가 제시하는 마술적 힘의 속박과 위협에서 벗어나, 힘 대신에 도덕성이 인간 사회를 살릴 것이라는 점을 안다. 그리고 힘과 덕을 분리시켜, 아예 힘없는 쪽을 구원의 길로 택하기도 한다. 힘보다 덕을 중시여긴 것은 공자와 플라톤 이래 인문주의의 오래된 가르침이기도 하다. 인문주의보다 못한 종교는 사회의 도덕성에 도움이 안 된다.

전능하신 하나님은 여전히 중요한 신앙의 대상이다. 그러나 적어도 그 신앙이 도덕성을 배제하지 않고 본능적 욕구 충족을 넘어서는 신앙이 되려면, 자기 수양의 요소가 지금보다 중요한 부분을 차지해야 한다. 그것은 원래 인문주의자들과 교회의 초대 교부들에게 중요한 주제였다. 플라톤이 초월자를 생각할 때 가장 중요한 개념은 선이었다. 선이 전능보다 앞선다. 그는 선과 존재라는 개념을 가지고 최고의 신을 생각했다. 힘은 그 다음의 문제였다. 초대 교부들에게도 하나님은 선하시기 때문에 전능한 분이었다. 전능이라는 것은 선에서 파생된 개념이다. 그러므로 힘이라면 선의 힘이 있을 뿐이다. 이것은 기독교가 원시 종교적인 힘 숭배로부터 벗어나는 데서 자기 정체를 확립했다는 것을 의미한다. 우리 한국 기독교는 어떻게 할 것인가?

좋으신
하나님

가이우스 율리우스 카이사르(Gaius Julius Caesar, BC.
100~BC. 44)가 죽은 것은 로마의 공화정 전통을 지키려는 사람들에 의해서
였다. 당시 카이사르는 종신 독재관의 자리에 임명되어 있었고, 왕이 되고
자 하는 야심을 품고 있었던 것 같다. 그는 수없이 많은 전쟁을 승리로 이
끈 전쟁 영웅이었으며, 로마의 대사제(pontifex maximus)의 역할도 겸하고
있었다. 사제(pontifex)는 원래 '다리 놓는 사람'이라는 뜻으로, 신과 인간의
중개자 역할을 가리키는 데도 사용했던 말이다. 기원전 500년 무렵 로마
가 왕정에서 공화정으로 바뀌면서, 행정과 사법의 권력은 집정관이나 원로
원 등의 정치가들이 가지고, 왕이 주관하던 종교 의식은 사제들의 몫이 되
었다. 사제는 평민과 귀족 출신들로 이루어졌다. 카이사르는 젊었을 때 대

사제로 선출되었다. 그리고 나중에 독재관이 되면서 두 직책을 겸하게 되었다. 대사제직이 무슨 대단한 권력을 가진 것은 아니지만, 정치와 종교의 수장을 겸하게 된 것은 상징적인 의미가 있다. 카이사르가 단순한 정치가가 아니라 지상과 천상을 아울러 손 안에 쥔 옛 왕의 자리를 향하고 있음을 보여준 것이다. 카이사르를 뒤이은 아우구스투스를 비롯한 로마 황제는 대사제직을 겸하게 되니, 그것은 로마의 공화정이 끝났음을 의미한다. 정치와 종교의 분리는 고대 로마에서 공화정과 왕정을 나누는 중요한 가르마였다.

그런데 대사제직에 있었던 카이사르 자신은 당시의 종교 의식에 대해서 크게 신뢰하지 않았던 것 같다. 로마와 그리스의 영웅들 이야기를 기록한 「플루타르크 영웅전」에는, 카이사르가 죽기 전에 불길한 징조들이 나타나서 회의를 연기하려고 했던 장면이 등장한다. 죽기 전날 밤에 카이사르의 아내는 몹시 불길한 꿈을 꾸어 외출하지 말라고 권면하고, 꿈에 별 의미를 두지 않겠으면 사제들에게 일러 제물을 바치고 예언을 들어보라고 권했다. 플루타르크는 이렇게 말하고 있다. "카이사르도 불안하고 두려운 마음이 들었던 것 같다. 전에는 여인들처럼 미신에 빠지는 것을 본 적이 없는데 그때는 몹시 괴로워하고 있었다." 카이사르는 종교를 미신으로 생각하고 있었던 것이다.

2

당시에 로마는 많은 신들을 섬기고 있었다. 그리스와 이집트에서 건너온 신들과 토착신이 다양한 기능을 담당하고 인간의 생사화복을 주관하는 신으로 받들어지고 있었다. 다산과 풍년과 안전을 기원하는 축제가 신들의 이름으로 벌어졌다. 로마의 정치 중심지이자 카이사르가 드나들던 원로원이 있던 포룸 로마눔(Forum Romanum)에는 이미 기원전 오륙백 년 전부터 로마인들이 섬기던 새턴 신전과 베스타 신전이 중요한 성소로 자리 잡고 있었다. 카이사르가 갈리아 전쟁에서 이기자, 원로원이 신들에게 제물을 바치고 15일 동안이나 감사 축제를 벌인 적도 있었다. 말하자면 그때까지도 종교는 중요한 국가 행사였던 것이다.

그러나 카이사르가 활동한 당시는 이미 그리스에서 플라톤 철학이 유행하고, 그 후계자인 스토아학파 철학자들이 냉철한 이성을 가지고 영혼의 자유를 추구하던 시절이었다. 인문주의가 출현하면서 과거의 종교는 일종의 미신으로 여겨지기 시작했던 것이다. 물론 민중들에게서 종교가 여전히 중요한 기능을 담당하고 사라지지 않았지만, 그래서 지식인들도 어느 정도 종교의식을 준수하고 있었지만, 이미 종교가 차지하는 의미는 상당히 퇴색되어 있었다. 생사화복은 신이 주관하는 것이 아니라 인간이 하기에 달린 것이라는 생각, 그리고 무엇보다도 물질과 부를 탐하는 것보다 영혼의 자유를 추구하는 것이 더 낫다는 생각 등이 인문주의자들이 추구하는 참다운 삶의 길이었다. 그들은 귀족으로서 정치가의 길을 가더라도 청렴결백을 매우 중요하게 생각했다. 카이사르 당시에 이미 원로원에는 유명한 키케로나 카토 같은 스토아학파 철학자들이 있었다. 그들은 카이사르의 야심을 꿰뚫어보고 초기부터 그를 경계했다가 결국 카토는 카이사르의 손에 의해서 죽고, 키케로는 카이사르의 사후에 안토니우스의 손에 죽는다. 안토니우스는 유대 지방의 반란을 잠재우기 위해서 헤로데스(성서의 헤롯 대왕)를 왕으로 세운 장본인이다.

　인문주의자들과 카이사르의 대결은 결국 카이사르의 승리로 끝나고 로마는 황제 시대로 접어든다. 그러나 인문주의자들처럼 카이사르 역시 과거의 신들을 믿지 않았다. 종교를 비신화화하고, 절제와 경건을 중심으로 새로운 도덕성을 탄생시키는 것이 시대적 요청이었던 것이다. 신들을 경배하는 축제에서 마음 놓고 인간의 욕망을 분출했던 관습은 인문주의자들에 의해 비판의 대상이 되었다. 플라톤은 신화 속의 신들을 중심으로 한 축제를 국가 행사에서 분리시키려고 했고, 로마의 인문주의자들도 차차 그런 생각을 품었다. 제물을 받고 기도를 들어주는 신들에게서 등을 돌리고, 예배로부터 사색과 수양으로 방향을 바꾸었다. 당시의 인문주의자들 때문에, 인간 구원의 길은 급격히 욕망을 절제하는 쪽으로 방향을 잡았다.

　기독교 신학의 토대를 마련한 아우구스티누스(AD. 354~430)는 플라톤이 인류를 미신에서 벗어나게 하는 데 중요한 역할을 했다고 본다. 그는 「신국론」에서 플라톤과 그 제자들이 발전시킨 인문주의 철학의 진지함과 공헌을 인정했다. 이성을 중심으로 한 플라톤의 인간중심주의는, 이성을 초월한 기독교 신앙의 탄생에도 중요한 다리를 놓았다. 그것은 기독교 교리로 보아도 그렇고 인류 문화의 역사로 보아도 그렇다. 미신적 종교를 넘어 인문주의가 등장했고, 기독교는 그 인문주의의 사고를 품으면서 동시에 인문주의를 넘어선 신앙을 형성했다고 할 수 있다. 기독교는 인문주의자들이 버리고자 했던 '살아 있는 신'을 다시 들고 나왔지만, 기독교가 미신이 되지 않고 보편적 설득력을 가질 수 있었던 까닭은 인문주의자들이 생각한 도덕적 이념이 기독교의 신에 들어 있었기 때문이다. 아우구스티누스는 기독교가 로마의 신들보다 우월한 까닭을 설명하면서, 결정적으로 그 도덕성을 든다. 그는 기독교의 하나님이 인간을 도덕적 존재로 이끄는 측면을 가지고, 기독교 신앙이 미신이 아님을 설득하려고 했던 것이다. 르네상스 시대에 그리스 신화를 소재로 인간의 육체를 그리고, 인간의 욕망을 소재로 한 소설 등이 등장한 것은, 기독교 신앙에서 지나치게 도덕성을 중시하며 절제를 강조했던 것에 대한 반동이었다.

3

기독교 신앙의 탄생에 인문주의는 중요한 역할을 했고, 그 점은 지금도 마찬가지다. 그런데 인문주의는 힘에 대한 비판과 함께 시작한 것이라고 할 수 있다. 정의롭지 않은 신에 대한 비판은, 플라톤이 그의 책 「국가」에서 그리스 신화에 가한 공격의 핵심이었다. 신이 있다면 반드시 정의로운 분이어야 하고, 그렇지 않고 불의한 제물이나 좋아하는 신들은 더 이상 숭배의 대상의 될 필요가 없으며, 교육적으로 매우 해롭다고 그는 주장했다. 그래서 그런 신들 이야기를 청소년들에게 가르치는 것을 금지했다. 사람들은 신을 믿을 때 그 힘을 보고 믿지만, 플라톤에게 신의 신다움은 그 덕에 있었다. 정의도 그 덕목에 포함되는데, 옳음과 아름다움을 포함한 최고의 덕을 플라톤은 선, 즉 '좋음'이라고 보았다. 플라톤에게는 좋음의 이념, 그것이 신이었다. 그에게서 신은, 살아 있어 공경을 받고 예배를 받는 존재라기보다는, 인간에게 깨우침을 주고 선을 실천할 수 있는 힘을 주는 좋음의 이념 또는 선의 이념이었다. 이렇게 해서 신의 존재는 인간이 추구할 이상적 이념으로 대체된다.

이것은 인류 사상사에서 매우 중요한 전환이다. 이런 식의 사고방식은 서양에만 있지 않고, 미신이 아닌 심오한 종교성을 추구하는 동서양 인문주의 역사 속에 줄기차게 등장한다. 공자는 패권주의의 힘이 판치는 세상에서 덕으로 세상을 바로잡을 것을 가르쳤다. 플라톤이 선의 이념을 가지고 세상을 바로 잡으려고 했던 것과 같다. 주희나 퇴계의 경우에도 그들이 추구하는 이(理)는 인간 행위의 표준이 되는 선의 이념의 성격을 지니고 있다. 기독교는 신학을 정립하는 과정에서 플라톤의 인문주의를 염두에 두고 영향을 받았다. 인문주의를 끌어안지 않았다면 기독교는 하나의 작은 소종파로 남았을 것이다. 평화를 추구하는 인류에게 보편적 설득력을 갖는 세계 종교가 될 수 없었을 것이다. 신앙의 철저함을 위해서는 소종파의 길을 가는 것이 나았을 수도 있다. 그러나 생각 있는 사람들에게까지 설득력을 가진 세계 종교가 되려면 인문주의의 문제의식이 신앙의 핵심에 들어가지 않을 수 없었다.

기독교 신앙에서 하나님을 정의하는 말에 가장 중요한 것은, '하나님은 사랑이시라'이다. 이것은 신앙의 중심 개념이 힘에서 선으로 옮겨갔음을 의미한다. '하나님은 힘이다'라는 말은 없다. 물론 '힘'이라는 낱말을 하나님을 표현하는 서술어로 쓰기는 한다. '하나님은 전능하시다'라는 말을 쓴다. 그러나 '하나님은 전능이다', 또는 '하나님은 힘이다'라는 말은 사용하지 않는다. 그 대신에 사랑의 경우에는, '하나님은 우리를 사랑하신다'고도

하지만 '하나님은 사랑이시다'라고 하나님을 정의하는 말로 쓴다. 이것은 기독교의 하나님이 원시 종교나 신화시대의 신을 넘어 힘보다는 선을 더 중심 개념으로 삼고 있음을 의미한다. 사랑은 살아 있는 선이다. 다시 말해서 좋음이라는 인문주의 개념에 생명력을 더한 것이다. 기독교의 하나님을 대표하는 단어는 힘보다는 사랑이요, 전능하신 하나님보다는 좋으신 하나님이다. '좋음' 또는 '선'은 내게 물질적으로 유익하다는 것을 넘어 도덕성을 포함하는 개념이다. 선이라는 낱말에는 뭔가 내게 도움이 된다는 의미도 있지만 정의로운 덕목도 포함하고 있다. 그런 점에서 기독교 신앙은 인문주의자들의 문제의식을 공유하고 있다. 무엇보다도 힘을 우선적 개념으로 사용하지 않는다는 것은, 기독교가 보는 구원의 길이 인문주의가 제시한 인간 구원의 길과 일치하는 면이 있음을 암시한다.

4

인문주의자들은 사람들을 깨우치려고 했다. 그래서 플라톤이나 공자나 모두 교육을 제일 중요시했다. 원시 종교는 사람을 깨우치기보다는 액을 막고 사람을 안심시키고 위로하는 역할을 했다. 한편, 이른바 고등종교는 인문주의 출현 이후에 등장한 것으로서, 한편으로는 삶을 위로하는 역할을 하면서 다른 한편으로는 사람을 깨우치는 역할도 한다. 인문주의에는 삶을 위로하는 기능이 없다. 스스로 마음을 수양하여 선을 추구하는 것이 제일 중요하다. 그들은 일용할 양식을 공급할 수 있는 힘에 대해서는 아마도 선해진 인간들의 협력을 통해 해결될 것이라고 믿었던 것 같다. 그런가 하면 원시 종교에는 사람이 이기심을 벗어나 도덕적이 되고 이웃과 평화를 이루며 살 길이 없다. 본능적인 욕망에 충실하여 당장의 삶을 지속하는 데 필요한 힘을 숭배하는 것이 원시 종교이다. 거기서는 힘의 도덕성을 문제 삼지 않는다. 기독교의 하나님의 전능은 도덕성을 배제하지 않는 힘이다. 말하자면 좋은 힘이요, 선한 힘이다. 그리고 그 좋음과 선하심은 나만을 위한 것이 아니라 모든 사람 모든 민족을 위한 것이므로, 도덕성을 수반한다.

인문주의에서 힘은 선에 완전히 종속되어 있다. 만일 플라톤이 신을 말한다면, 신은 선'이므로' 힘이 있다고 해야 할 것이다. 그런데 기독교에서 하나님은 그 전능하심이 좋으심에 종속되어 있지는 않다. 우리는 전능하신 하나님에게 삶에서 필요한 우리의 소원을 아뢸 수 있다. 그러나 다른 한편으로는, 하나님에게 매여 세상에 매이지 않는다는 것도 신앙의 중요한 측면이다. 이것은 플라톤적인 문제의식인데, 다시 말해서 세상에서 추구하는 욕망에서 벗어난 기쁨을 신앙에서 찾아야 한다는 것이다. 세상에서는 힘이 최고이지만, 기독교인은 하나님을 믿기 때문에 힘에 모든 것을 걸지 않는다. 힘에 대한 욕망에서 거리를 갖는 것은 인문주의자들이 말한 자기 수양의 문제와 통한다. 선과 힘의 관계를 역전시킨 인문주의자들의 길은 기독교 신앙에도 중요한 길이다. 다만 인문주의자들은 신앙 없이 그 길을 가려고 한 것이고, 기독교는 신앙 때문에 그 길을 가게 되는 것이다. 하나님은 선이시므로 전능하시다. 이 문제는 기독교 신앙이 죄를 대속한 그리스도에 대한 신앙에 바탕을 두고 있다는 점에서도 분명해진다. 하나님의 사랑이 하나님의 존재나 힘보다 먼저다. 하나님이 존재하고 사랑하는 것이 아니라, 하나님은 사랑으로 존재할 뿐이라는 게 복음의 메시지이다. 그래서 하나님의 힘은 사랑의 힘일 뿐이다.

사랑이신 하나님

「플루타르크 영웅전」으로 유명한, 그리스의 플루타르크는 A.D. 50년에 태어나 120년경에 죽은 사람이다. 그는 원래 아테네에서 플라톤 철학을 공부한 인문학자이다. 로마와 이탈리아를 여행하고 로마의 명사들을 만나고 돌아와, 여러 가지 문서와 증언을 바탕으로 그리스와 로마의 영웅들에 대한 책을 썼다. 「플루타르크 영웅전」은 셰익스피어를 비롯해서 많은 작가들이 고대 그리스와 로마를 이해하고 상상력을 발휘하여 작품을 쓰는 데 중요한 자료가 되었다. 그런데 플루타르크가 그런 글을 쓴 것은 아마 40세까지였던 모양이다. 그는 인생의 나머지 30년을 델피 신전의 사제로 보냈다고 한다. 플라톤주의자요, 날카로운 역사 비판의식을 가졌던 그는 왜 인문학도의 길을 버리고 신전의 사제가 되었을까? 그는 플라톤 철학자였기 때문에, 인문주의자들의 종교 비판을 알았을 것이다. 그것은 주로 민중들이 자신들의 개인사를 신들에게 의지해서 풀려고 하는 비합리적

159

인 행위에 대한 비판이었다. 플라톤을 비롯한 그리스 인문주의자들은, 윤리적인 자기반성이나 노력 없이 신전을 찾아다니는 민중들의 행태를 비판했다. 제물만 정성껏 바치고 빌면 문제가 해결되리라고 믿는 관습을 미신이라고 보았다. 그리하여 고대 종교를 비신화화했다. 그러면서 강조된 것은 윤리다. 그들은 종교를 윤리로 바꾸어야 한다고 생각했다. 칸트가 근대들어 중세의 기독교를 윤리로 바꾸었는데, 그것은 이미 고대에 플라톤이나 공자가 한 작업이었다. 플라톤은 고대 그리스 종교를 비신화화해서, 그리스 사람들이 미신을 버리고 덕을 쌓아 서로 평화롭게 살기를 바랐다. 그가 볼 때는 인간이 덕을 쌓는 데 종교가 방해가 되었다. 그러한 인문주의자들의 종교 비판은 인간의 정신문명을 풍부하게 하고, 엄청난 영향을 미치며 오늘날까지도 서양의 핵심 사상으로 자리 잡고 있다. 그러나 그런 훌륭한 공부를 한 플루타르크는 왜 다시 델피 신전으로 돌아갔을까?

2

인류의 역사에서 종교의 비신화화(demythologization)는 끊임없이 진행되는 것 같다. 그것은 한편으로 미신적인 종교로부터 인간을 구하고, 다른 한편으로 참된 종교의 핵심을 찾기 위한 작업이었다. 비신화화란 신화에서 벗어난다는 뜻이다. 헛된 신화 같은 가르침에 사로잡힌 신앙을 벗고 합리적 사유를 한다는 뜻이다. 이런 비신화화는 모든 걸 신에게 맡기는 태도에서 벗어나, 인간이 할 수 있는 것을 찾아내어 책임적 주체로서는 쪽으로 이루어진다. 고대와 근대의 인문주의자들이 대표적인 비신화론자들이라고 할 수 있다. 그들은 종교를 윤리로 바꾸는 쪽으로 비신화화를 진행했다. 그러나 종교 안에서도 비신화화가 일어난다. 성서 안에 비신화화가 있고, 2,000년 전 기독교가 성립된 이후에도 비신화화는 계속 이루어지고 있다.

구약성서는 바빌로니아 신화의 이원론을 비신화화하면서 인간의 주체성과 책임을 강조하려고 했다. 그것이 창세기의 아담 신화이고, 출애굽기의 계약 사상이다. 창조설화와 아담 신화는, 선과 악에 모두 신적인 힘을 인정해서 악을 운명으로 본 중동의 이원론적인 신화를 비신화화한 것이다. 악의 문제에서 인간을 책임적 주체로 세움으로써 인간이 당한 불행과 고통을 합리적으로 사유하기 시작한 것이다. 한편 출애굽기의 계약 사상은 하나님과 인간이 서로 파트너십을 가지고 주체 대 주체로 서게 되는 것을 가리킨다. 계약은 어른과 아이 사이에서는 성립되지 않는다. 하나님이 선의 은총을 주시지만, 그러나 인간도 하나님의 은총의 역사에서 책임적 주체이다. 하나님의 주권 안에서 인간도 주체적 존재임을 말하려는 것이 계약 사상이다. 그리고 아모스서와 이사야서 같은 예언서 전통은 미신화되어 부패한 종교를 개혁하려고 했다. 그래서 소나 양을 바치는 제물 대신에 마음의 제물을 강조했고, 깨끗한 마음과 정의로운 행위만이 하나님을 기쁘게 할 수 있다고 외쳤다. 인문주의자들과는 또 다른 모습으로 종교를 윤리로 바꾸는 한 측면을 보여준 것이다. 그리고 신약성서의 예수는 성전 중심의 종교를 비신화화했다. 인간이 안식일을 위해 있지 않고 안식일이 인간을 위해 있다. 바울의 율법주의 비판 역시 하나님 중심주의를 비신화화하고, 하나님 중심주의 안에 있는 인간 중심주의를 천명한 것이다. 그는 우리 몸이 성전이라고 했다. 인간을 종교와 교회의 수단으로 삼는 모든 신학을 비판할 원리가 거기에 있었다. 16세기의 종교 개혁은 바울의 원리를 따라 중세 가톨릭의 교회주의를 비신화화한 것이다.

그런데 이런 비신화화에는 반드시 다시 신화적 요소를 찾는 역작용이 따라붙었다. 아담 신화에는 바빌로니아 신화의 이원론을 암시하는 뱀이 들어 있고, 예언자 전통은 제사장 전통의 견제를 받고, 예수님의 가르침은 다시 제도적 종교 안에서 재해석되고, 십자가의 그리스도는 영광의 그리스도로 바뀌었다. 종교 개혁이 일으킨 비신화화는 복음주의를 내세우며 교회주의의 우상을 파괴하는 것으로 나타났는데, 이후 개신교는 다시 교회주의로 안착했다. 이런 경향을 어떻게 볼 것인가? 그것은 인간이 진리의 칼날을 견디지 못하고 언제나 미신적 요소로 돌아가는 경향이 있기 때문일 것이다. 그런 면에서 종교의 비신화화는 끊임없이 계속되어야 할 것이다.

그러나 신화적 요소를 모두 배제하는 것은 삶의 진리의 풍요로움을 배제하는 것일 수도 있다. 비신화화는 계속되어야 하지만, 삶과 신앙의 신비를 담고 있는 신화적 요소의 중요성도 염두에 두어야 할 것이다. 다시 말해서 삶은 말로 다 될 수 있는 것이 아니고, 신앙은 도덕성으로 환원될 수는 없을 것이다. 말로 다 할 수 없는 삶의 고통과 고난의 신비 그리고 그런 고난의 신비와 연관된 신앙의 신비는 종교의 신화적 요소를 언제나 필요로 한다. 신화라는 것이 어차피 합리적으로 설명될 수 없는 부분을 상징으로 담고 있는 것이기 때문이다. 그렇게 보면 신화와 비신화화는 언제나 공존함으로 그 풍성함을 유지한다고 해야 할지도 모르겠다.

플라톤주의자 플루타르크가 델피 신전으로 돌아간 것도 그것을 알았기 때문일 것이다. 인문주의에 다 담을 수 없는 어떤 진리의 풍성함이 신화로 둘러싸인 종교에 들어 있다고 보았기 때문이 아닐까? 미토스(mythos)는 로고스(logos)로 나와야 하지만, 로고스는 미토스의 의미를 다 담아 내지 못한다.

3

몇 해 전에 경주를 혼자 여행한 적이 있다. 그 때, 석가탑 앞에서 몇 시간을 마음 놓고 앉아 있었다. 어려서는 다보탑이 예쁜 줄은 알아도 석가탑이 좋은 줄 몰랐는데, 나이가 들수록 단순한 석가탑이 좋아졌다. 어릴 적 교과서에도 나오고 문화유산답사기에 단골로 나오는 석가탑을, 마음 놓고 앉아서 내 눈으로 내 식으로 감상할 수 있다는 것이 행복했다. 자리 잡고 앉아 있노라니, 석가탑의 정식 이름이 눈에 들어왔다. 그것은 "석가모니상주설법탑"(釋迦牟尼常住說法塔)이었다. 석가모니가 늘 머물며 설법하는 것을 모양낸 탑이라는 것이다. 말하자면, 말씀을 형상화한 것이다. 2층의 기단과 3층의 탑신으로 되어 있는 화강암 덩어리. 지반도 땅에 박힌 자연석을 그대로 두고 그 위에 탑을 얹었다. 그랭이 공법을 사용한 신라인들의 자연미가 가슴깊이 와 닿았다. 그것은 이 땅에서 나고 자란 나 자신에게 매우 익숙한 미학이어서, 돌 위에 돌탑을 얹은 신라인의 마음이 내 몸과 하나가 되는 기분이었다.

그런데 돌덩이가 어찌 말씀이란 말인가? 불교는 카스트 제도와 연관된 힌두교의 신앙을 비신화화하며 만민 평등을 내세운 일종의 종교 개혁의 산물이다. 그래서 제의보다는 마음을 일깨우는 가르침의 말씀을 중요하게 생각했다. 영혼의 자유를 얻기 위해 마음의 혁명을 바란 것이다. 그렇다면 이해가 간다. 영혼을 자유롭게 하기 위한 말씀이라면 많은 말이 필요 없을지 모른다. 하나로 여럿을 관통하는 것이다. 검은 색의 단순한 바윗덩이 같은 큰 가르침 한 두 마디로 수많은 인간사를 관통한다. 그러고 보니까, 푸른 하늘 밑의 말없는 검은 탑이 복잡한 인간사를 하나로 관통하여 구원하는 큰 말씀으로 보였다.

그런데 한참 앉아 있으려니까, 풍화에 깎여 드러난 화강암 입자들이 보였다. 화강암은 세월이 지나면 처음에 매끈하게 다듬은 윤곽이 점점 사라지고 굵은 입자들이 드러난다. 대리석은 변성암이기 때문에 입자가 보이지 않고, 또 세월이 지날수록 단단해진다고 한다. 처음에는 손으로 누르면 들어갈 정도로 연해서 조각하기 좋고, 시간이 지나면 지날수록 단단해져서 장인의 손길이 세월과 무관하게 보존된다고 한다. 그러나 화강암은 장인의 손길을 점점 지우고 그 위에 바람과 세월의 솜씨를 보탠다. 자연미를 중시하는 우리 조상의 미학은 시간까지도 고려해서 작품을 만들었단 말인가.

굵은 입자가 드러나니까, 탑신 하나가 어마어마하게 많은 입자로 이루어져 있음을 알 수 있었다. 그렇다면 수억의 입자들이 모두 석가의 말씀이 아닐까. 전체로 보면 하나의 큰 돌덩이이지만, 하나의 돌덩이는 수많은 입자들로 이루어졌다. 하나는 여럿을 품고 있다. 큰 말씀은, 사람들의 상황 하나하나에 필요한 말씀으로 육화된다. 인간사는 얼마나 복잡하고 다양한가. 수많은 사연들을 안고 온 신라인들과 고려인들과 조선 사람들이 탑 앞에서 자신의 소원을 빌 때, 석가의 말씀은 그들을 내치지 않고 인자하게 그들의 하소연과 소원을 들어주고, 그들의 상황에 맞는 위로의 말씀을 해 주지 않았을까. 한편으로는 사람이 아집과 욕망을 버리고 영혼의 자유를 얻도록 큰 가르침을 주려고 했지만, 다른 한편으로는 살면서 당하는 많은 고난과 근심거리를 안고 온 백성들을 위해 각자에게 맞는 세밀한 말씀도 주셨을 것 같다. 예수께서도 그랬다. 사람들은 영혼의 자유보다도 예수의 병고치는 능력에 더 관심이 많았다. 예수는 몰려드는 사람들을 피해 다니며, 자신은 영원한 생명 양식을 주러 왔다고 했다. 그리고 갖은 소원을 가지고 와서 기적을 바라는 민중들을 보고, 악한 세대라고 탄식도 했다. 그러나 결국 그들을 내치지 않고 불쌍히 여겨 돌보고 능력의 손길을 뻗치지 않았던가. 영혼을 구원하여 자유를 주고자 했던 말씀은, 선남선녀의 고난의 일상사를 위로하고 치유하는 말씀이기도 했던 것이다.

　고등종교가 고대 종교를 비신화화하면서 전하려고 한 것은 깨우침이요, 마음의 전환이요, 영혼의 자유로움이었다. 그러나 그런 비신화화는 교육될지언정 사람들 사이에서 완전히 육화되지는 않았다. 그리고 고대 종교의 신화적 요소는 언제나 남아서 큰 위력을 나타낸다. 인간의 고난의 문제 그리고 삶의 염려와 관련된 문제는 윤리적 요청보다 더 강하게 본능적으로 사람의 마음을 점령한다. 그것은 종교에서 신화적 요소가 사라지지 않도록 붙든다. 윤리적 요청으로서의 신이 아니라, 삶의 요청으로서의 신이다. 하나님은 먹고 사는 문제에 시달리는 민중의 한과 고난을 알아주고, 자식 염려와 건강의 기원을 들어주어야 한다. 신은 초월적이어서 높은 도덕성으로 영혼의 자유를 이끄실 뿐 아니라, 인간의 삶에 대해 동정심을 가지고 그들의 형편을 알아주고 도와주는 존재이어야 한다. 그리고 이것이 플라톤의 인문주의와 기독교 신학이 갈라지는 지점이기도 하다. 물질의 궁핍을 채워주시고, 윤리의 궁핍을 용서하는 하나님. 그것은 이념이 아니라 살아계신 하나님만이 할 수 있는 것이었다. 그것은 인문학에서 보면 신화적 요소이다.

4

그런 측면을 표현한 성서의 구절이 "하나님은 사랑이시라"(요1 4:16)이다. 세상이 존재하도록 하는 데는 힘이 있어야 한다. 힘이 있어야 어떤 일이든 할 수 있기 때문이다. 그러나 하나님에게는 사랑이 힘보다 먼저라는 것이 기독교의 신념이다. 하나님의 힘은 사랑의 힘이다. 그래서 "하나님은 전능(뭐든지 할 수 있는 힘)이시라"고 하지 않고, "하나님은 사랑이시라"고 했다. 사랑이 세상을 만들고 사랑이 세상을 유지하는 것이다. 주희의 성리학에서도 세상을 낳고 움직이는 원리를 인(仁), 곧 사랑이라고 보았다. 그러나 그 인(仁)은 사람을 위로하거나 사람의 형편을 일일이 살피는 사랑은 아니다.

사랑은 좋음과도 다르다. 플라톤의 선(좋음)의 이념에는 인격성이 결합되어 있다. 사랑이신 하나님은 인문주의가 이룩한 비신화화를 품고 있으면서 동시에 그것을 넘어 관계의 신비를 안고 있는 개념이다. 사랑은 관계를 전제로 한 개념이다. 플라톤이 말한 이념으로서의 좋음은 인간에게 도덕적 선을 명령한다. 그러나 성서의 사랑의 하나님은 명령하기 전에 위로한다. 한편 교회에서 흔히 좋으신 하나님이라고 하면 내게 필요한 것을 기도하면 들어주는 분으로 이해된다. 그러나 사랑이신 하나님은 일방으로 내 요구를 들어주기 보다는 나와 인격적 관계를 맺는 측면이 더 크다. 일방적인 관계가 아니라 쌍방의 관계를 가리킨다. 나를 위해주시되, 나를 대(對)하면서 위하시는 분이다. 그러므로 사랑의 하나님은 상대(相對)하시는 하나님이다. 절대자(絶對者)로서 명령하고 그 대신에 기도하면 필요한 것을 공급해주는 분이기 이전에, 나와 상대해서 나를 존중하고 세상의 고통을 자신의 고통으로 삼는 분이다. 이것이 그리스도에게서 드러난 하나님의 모습이요, 사랑의 하나님이다. 플라톤의 선의 이념은 인생의 목적이요 인간이 도달할 도덕적 목표이다. 그러나 사랑의 하나님에게는 사람이 하나님의 목적이기도 하다. 하나님이 십자가에서 사람을 위해 죽었다면, 사람은 하나님의 목적인 셈이다. 하나님이 사람의 목적이지만, 사람도 하나님의 목적이다. 사랑의 하나님에게서 가능한 이야기이다.

　그러니까 사랑의 하나님은 힘 위주로 하나님을 생각하는 원시 종교를 벗어나 선의 이념을 품고 있으면서, 동시에 사랑에서 나오는 힘으로 인간의 물질적 궁핍과 윤리적 궁핍을 채워주는 분이다. 다시 말해서 우리를 삶의 의미로 이끌 뿐 아니라, 살게 해주는 분이기도 하다. 사랑의 하나님은 인문주의에서 볼 때 신화적이다. 진리를 인격적으로 표현하는 것 자체가 신화적이다. 그리고 윤리의 궁핍을 용서하고 이어서 은총으로 도덕성을 이끄시는 분을 말하는 것도 신화적이다. 병이 들거나 가난할 때 기도의 상대가 되어 준다는 것은 더욱 신화적인 이야기이다. 그러나 종교를 윤리로 바꾸는 인문주의로만은 설명할 수 없는 삶의 고통으로부터의 구원을 끌어안고 있는 것이 성서의 이야기이다.

인문주의자 플루타르크가 델피 신전으로 돌아간 것은 종교의 풍요로움 때문일 것이다. 성서의 신앙은 인문주의자들의 비신화화 직업을 수용하면서 그 이상의 풍요로움을 지니고 있다. 사랑의 하나님이 그걸 말해 준다. 한국 기독교는 비신화화를 수용하면서 하나님의 풍요로운 은총을 말할 수 있어야 할 것이다.

사랑이신 하나님(2)

하나님을 사랑으로 보면, 플라톤이 말했던 선의 이데아는 인격성을 띠게 된다. 인문주의와 종교가 갈라지는 지점이다. 사랑이신 하나님은 살아 있는 존재가 된다. 진리는 단순히 선이 아니라 사랑이다. 플라톤은 존재보다 선이 먼저라고 보았는데, 기독교에서는 존재보다 사랑이 먼저다. 태초에 사랑이 있었던 셈이다. 사랑이 세상을 낳고, 세상을 유지하고, 세상을 구원한다.

사랑이 부각되면서, 사람은 진리와 인격적인 관계를 맺게 된다. 사랑이란 말 자체가 관계를 전제로 한 개념이다. 플라톤의 선은 악과 대비되는 개념이지만, 사랑에는 대비되는 개념이 없다. 악도 사랑의 맞수가 아니다. 플라톤의 선의 이념은 선으로 악을 이기기 위한 개념 장치이다. 그래서 선은 악과 대비될 수 있다. 물론 이미 플라톤에게서도 악은 선에 대항할 만한 힘을 갖고 있지 못하다. 아우구스티누스가 말한, "존재하는 것은 모두 선하

169

다"는 말이 이미 플라톤에게서 예견되어 있다. 악은 선의 결핍일 뿐 독자적 존재의 힘을 갖고 있지 못하다. 그러나 기독교 신앙만큼 명확하지 않아서 플라톤에게서 선의 승리는 세상으로부터 떠나는 것으로 이해된다. 반면 기독교는 선이 악을 피해 세상을 떠나야 하지 않는다. 세상은 사랑이신 하나님의 세상이기 때문이다.

플라톤은 악의 실체성을 부인하기 위해 세상의 실체성까지 부인하는 결과를 가져왔다. 플라톤에게서 세상은 필연이 아니다. 악의 실체성을 부인하는 것은 인문주의의 공통된 관점이요, 한국 사상에서도 보인다. 한국 유학에서 악은 선의 과불급(過不及)일 뿐 독자적 지위를 갖고 있지 못하다. 한국에서는 사탄 같은 악의 실체를 인정한 적이 없다. 그리고 태극이나 이(理)는 순선(純善)이라고 해서 무슨 실체처럼 말한다. 선은 실체 같은데 악은 실체가 아닌 것이다. 동서양의 인문주의가 악을 실체로 보지 않은 것은 악을 별것 아닌 것으로 보려고 한 것이다. 이는 그렇게 해서 원리적으로 악이 선에 이길 수 없도록 하려는 신념 장치인 것이다. 그럼에도 불구하고 세상의 악을 이기기 어려울 때, 그들은 세상을 등지는 쪽으로 생각할 수밖에 없었다.

기독교에서도 악은 실체가 아니다. 그리고 하나님은 최고선으로서 존재하는 실체이다. 그런데 하나님의 실체적 선은 사랑이다. 그래서 하나님에게 세상은 필연이다. 사랑은 사랑의 상대를 필요로 하기 때문이다. 사랑이신 하나님의 상대는 먼저 삼위로 나타나는데, 삼위일체는 하나님이 하나님을 사랑하는 것이다. 하나님 안에서의 자기 사랑이다. 그 다음에는 하나님 밖을 향한 사랑으로 나타난다. 그것이 세상의 창조이다. 사랑이신 하나님에게 하나님 밖은 필연이다. 하나님을 사랑이라고 함으로써, 성서는 세상이 하나님에게 우연한 존재가 아니라 하나님의 필연임을 말하고 있다. 물론 초월자요 절대자로서의 하나님을 강조하자면, 하나님은 세상과 필연적 관계를 맺지 않아야 한다. 그러나 사랑으로서의 하나님은 관계를 맺을 수밖에 없다. 사랑은 그런 관계의 필연성을 내포하는 개념이다. 인간과 세상은 하나님에게 없어서는 안 될 사랑의 상대이다. 그 점에서 플라톤의 선의 이념과 다르다. 그리고 성리학의 태극과도 다르다. 태극은 만물을 사랑하는 게 아니라 만물에 내재한다. 하나님을 사랑이라고 한 것은 하나님이 초월자이면서 동시에 우리와 함께 하는 분임을 말하는 것이다. 즉 초월과 내재의 통일을 말한다.

하나님은 사랑이므로 세상의 악과도 관계한다. 플라톤의 이념적 선이나 유학의 태극은 악과 관계하지 않는다. 물론 그것들은 세상을 낳아 악의 가능성을 낳는다. 그러나 원칙적으로 악과 무관한 채, 악에 대한 책임이 없다. 악과는 관계가 없는 순선(純善)인 것이다. 거기에 비해 사랑이신 하나님은 악과 관계해서 사랑으로 악을 이긴다. 악에 대한 무한 책임을 지신다. 그것이 십자가에서 드러난 사랑이신 하나님의 모습이다. 하나님은 악과 관계없이 손 털고 독야청청(獨也靑靑)하는 존재가 아니라, 손에 흙을 묻혀가며 악과 접촉하고 씨름한다. 사랑의 하나님에게 최고선이란 개념은 적합할지 몰라도 순수한 선이라는 개념은 적합하지 않다. 손에 흙을 묻혔기 때문이다. 그것이 사랑이신 하나님의 독특한 모습이다. 사실 사랑이시므로 하나님은 악도 불쌍하게 보고 끌어안으신다. 그런 하나님의 모습이, 그리스도 예수를 하나님의 아들이요 하나님과 동일한 분이라고 믿는 믿음에 반영되어 있다. 초대 교부들에게서 만인구원설이 보이는 것은, 그리스 철학이나 영지주의와 달리 하나님을 사랑으로 보았기 때문에 가능한 것이다.

2

기독교의 삼위일체는 사랑이신 하나님의 모습이다. 하나님은 사랑이므로 사람이 될 수 있었다. 성육신에 들어 있는 초대 교인들의 신념은, 하나님은 사랑이시라는 점이다. 인문주의자들이 찾은 선의 이념은 육을 입으면 타락하기 때문에 저 높은 하늘에 보편 이념으로 있을 뿐이다. 그것은 관상의 대상이요 추상적이다. 그러나 사랑이신 하나님은 보편자이지만 구체적 존재가 된다. 손에 흙을 묻히고, 망신을 당하는 한이 있더라도 구체적으로 사람과 관계하기 위해 구체적 사람이 되셨다. 구체성은 보편성을 상실할 위험이 있지만, 예수 그리스도에게서 보편성과 구체성은 하나가 되었다. 초대 교회 전통에서는, 예수가 진짜 사람이 아니라면 우리의 구세주가 될 수 없다고 생각했다. 이것은 하나님이 우리와 구체적으로 관계하는 분임을 암시한 것이다.

하나님을 사랑으로 보는 고백 속에는, 종교를 비신화화해서 윤리로 만든 인문주의의 영성과, 인간 구원의 길을 윤리 이상에서 보려는 시각이 함께 들어 있다. 또는 초윤리를 통해 윤리를 가능케 하려는 것이라고 할 수 있다. 하나님의 사랑은 도덕적인 선과 악을 넘는다. 그래서 악한 세상을 심판하여 멸망에 이르게 하기 보다는 사랑하여 구원한다. 고등종교는 결국 서로 사랑하면서 사는 길을 제시한 것이라고 할 수 있다. 심오한 사상은 모두 하늘에서 명령(天命)을 읽었다. 성서에서도 이스라엘은 십계명과 함께 자신들의 신앙공동체를 시작했다. 그리고 명령의 핵심은, 복음서에 있는 대로, 서로 사랑하라는 것이다.

그러나 사랑하라는 도덕 명령이 사랑의 행위를 낳는 것은 아니다. 그래서 복음은 명령이 아닌 것에서 출발한다. 하늘은 명령하기 전에 사랑하고 위로한다. 그러한 사랑의 관계를 극적으로 나타내는 것이 하늘의 성육신이요, 이 땅에서 손에 흙을 묻히며 사람들과 관계하다 희생양이 된 그리스도의 이야기다. 그리스도가 단 한 번 이 땅에 내재하여 관계한 하나님의 사건이라면, 성령은 언제나 만물 안에서 만물과 더불어 있는 하나님을 말하는 것이다. 그처럼 삼위일체는 하나님이 세상과 관계하는 것을 말한다. 성부가 초월자의 모습이라면, 성자는 사람과 더불어 있는 하나님의 내재요, 성령은 만물 안에 있는 하나님의 내재를 가리킨다. 그처럼 삼위일체는 하나님과 세상의 관계를 표현하기 위한 것이다. 그것은 하나님을 선의 이념이 아니라 사랑으로 본 데서 비롯된 것이다.

내부의 삼위일체 역시 하나님이 관계의 존재임을 말한다. 내부의 삼위일체는 하나님 내부의 관계, 곧 성부와 성자와 성령 간의 관계를 말한다. 하나님이 하나님 자신과 관계한다는 것은 하나님이 선의 이념이 아니라 살아 있는 존재임을 말한다. 성자 하나님의 절규, "나의 하나님, 어찌하여 나를 버리시나이까?"는 성부와 성자의 거리를 나타내면서 동시에 둘의 관계를 나타낸다. 하나님은 자신과 거리를 두고 관계하는데, 그 거리는 세상을 품는 품이요, 그 관계는 세상과 관계하기 위한 관계다. 다시 말해서, 성부와 성자 사이로 세상이 구원되고, 성령과의 사이로 세상은 유지되고 운행

된다. 삼위 사이의 거리는 하나님이 세상을 창조하고 사람과 관계하여 하나님 스스로 고통을 당하면서도 세상을 재창조하기 위한 창조적인 거리가 된다.

3

유학에서도 만물의 근원인 태극을 사랑(仁)이라고 보았다. 성리학에서는 사랑이 세상을 낳고, 세상을 유지하고 있음을 말한다. 그것은 결국 사랑이 세상을 살린다는 깨달음의 반영이다. 성리학의 인(仁)은 플라톤의 선의 이념과 달리 측은지심이요, 그래서 마음이다. 태극은 어떤 마음이다. 주희의 성리학에는 태극이나 이(理)를 인격적 존재로 볼 수 있는 요소가 들어 있다. 그렇게 되면 성리학은 신학이 될 가능성이 있다. 물론 성리학은 인문주의요, 그래서 태극은 기독교의 하나님보다는 플라톤의 선의 이념에 가깝다. 그러나 태극을 사랑으로 보았기 때문에 인격적으로 여겨질 가능성을 안고 있고, 그 점을 극대화시킨 사람이 퇴계다. 사람들이 퇴계의 독창성을 말하고, 논란이 많은 부분도 거기에 있다.

그런데 한 가지 분명한 것은 태극은 마음을 먹거나 마음을 쓰지는 않는다는 점이다. 살아 있는 존재가 아니요, 의지적 존재가 아니라는 말이다(無情意 無計度). 성서의 하나님은 인간의 기도를 듣고 마음을 먹고 마음 씀이 있다. 하나님은 세상에 마음이 가 있고, 그래서 이런 저런 일로 마음을 먹고 마음을 쓴다. 또는 인간 일에 자꾸 마음이 쓰인다. 그런 모습을 분명하게 보이려는 것이 그리스도 이야기이다. 그러나 성리학은 만물의 근원인 태극을 사랑의 마음으로 보지만, 그 태극이 마음을 먹거나 마음을 쓰는 것으로 보지 않는다. 그래서 태극은 결국 세상의 생성과 운영 원리로 끝나며, 독립된 살아있는 존재가 아니다. 세상에 내재되어 있고 들어 있는 것이지, 사람과 인격적인 관계를 맺는 존재가 아니다. 그래서 삼위일체가 없다. 성리학의 태극이나 이(理)는 이념으로서 높거나 이미 우리 안에 들어 있는 것으로 낮은 것이다. 그러나 삼위일체 하나님은 높으면서 낮아진 하나님을 말한다. 그것은 살아 있는 관계의 신이다.

4

하나님이 사랑이시므로, 성자는 성부보다 열등하지 않다. 성령도 마찬가지다. 삼위일체에서 가장 큰 논쟁은 성부와 성자의 관계였다. 여기서 기독교는 성자가 성부보다 열등하지 않고 같은 하나님이라는 결론을 내렸다. 그러나 이 문제는 그리 간단한 문제는 아니었다. 인간의 사고방식에서 어떤 신적인 존재를 말하더라도 세상과 접촉하는 신은 낮은 신으로 여겨지기 때문이다. 플라톤에게 가장 높은 신은 선의 이념이고, 선의 이념은 세상을 창조하는 데 관여하지 않는다. 신 중에서 낮은 신인 데미우르고스가 세상 창조의 일을 맡는다. 말하자면, 세상과 관계하여 손에 흙을 묻히는 일은 낮은 일이라는 것이다.

그러나 기독교에서 성부와 성자는 구분되지만 분리되지 않는다. 위격이 다르지만 동일한 본질이다. 성자는 세상의 창조에 관여할 뿐 아니라 육신을 입고 세상에 거한 신이다. 세상과 관계하고 세상에 의해 고통을 당한 분을 하나님이라고 고백한 기독교는, 기본적으로 세상과 살아 있는 관계를 가지는 하나님을 생각하려는 것이라고 할 수 있다. 기독교의 신 사유의 핵심은 성자에게 있다. 그래서 기독교는 신비주의로 가지 않고 좀 더 역사적인 종교가 되었다. 종교가 되려면 초월성을 말해야 하지만, 기독교의 하나님의 초월성은 삼위일체의 초월성으로서, 역사적 예수에 의해 견제되고 있다. 다름 아닌 나사렛 예수가 하나님인 것이다. 그리하여 구체적 삶과의 접촉과 나눔이 없는 하나님은 생각할 수 없게 된다. 그것은 기독교가 하나님을 인문주의의 선의 이념이 아니라 사랑으로 이해했기 때문에 가능한 것이었다.

성령도 성부나 성자보다 열등하지 않기는 마찬가지다. 성령은 사실, 성부나 성자와 달리 어떤 실체로 보이지 않는다. 그래서 독립된 위격으로 인정하기가 어려워 보인다. 성령은 성부의 영이요 또한 성자의 영으로 여겨지니, 실체가 아니라 한 실체의 속성이나 능력으로 보이기 십상이다. 실제로 325년 니케아 종교회의에서 성령은 성자에게서 나오는 것으로 말함으로, 성령이 성자보다 낮은 지위를 가짐을 암시했다. 그 점에 동방교회가 반대하여 수정하여 나온 것이, 381년의 니케아-콘스탄티노플 신조이다. 거기서 성령은 성부와 성자에게서 나오는 것으로 고백됨으로써, 성령의 지위가 성자에 예속되지 않게 했다. 그럼에도 불구하고 성령의 위치는 늘 애매하다. 실제로 르네상스 시대에 출현한 삼위일체 그림을 보면, 성부는 십자가의 성자 뒤에서 팔을 벌리고, 성령은 성부와 성자 사이에 비둘기로 표현된다. 성부와 성자는 인격체로 그리고 성령은 새로 표현되는 것이다. 전통적으로 성령은 성부와 성자 사이의 사랑의 관계를 나타내는 것으로 이해되었다. 그렇다면 성부와 성자에 비해 성령은 그 실체성이 떨어지게 되는 것이다.

그런데 하나님이 사랑이시라면 어떻게 되는가? 사랑은 다른 실체를 향한 어떤 실체의 마음이지 실체가 아니다. 그러므로 하나님이 사랑을 하는 것이 아니라 하나님이 곧 사랑이라면, 실체와 실체 사이의 관계가 하나님이 된다. 물론 하나님이 사랑이라는 말과, 사랑이 곧 하나님이라는 말은 차이가 있다. 하나님은 사랑이지만 사랑이 하나님은 아니라고 할 수 있다. 그래서 하나님의 실체성이 유지된다. 그러나 성서에서 하나님과 사랑이 '이다'로 연결될 때, 사랑이 하나님인 측면을 내포한다고 봐야 한다. 그렇게 되면 하나님은 실체라기보다는 관계다. 관계가 실체보다 먼저다. 기독교는 실체적 사유를 하면서 동시에 관계적 사유를 같이 품는다. 그것은 하나님이 사랑이기 때문에 가능한 일이다. 그렇게 되면 성령은 결코 성부나 성자보다 열등하지 않다. 오히려 성령이 성부나 성자보다 강조될 수도 있다. 기독교 사상의 역사를 보면, 중세까지 성부 중심일 때는 실체 개념이 중요했고, 종교개혁 이후 성자 중심의 사유가 번성할 때는 주체 개념을 사용했고, 성령을 강조하는 포스트모던 시대에는 관계 개념이 핵심이 된다.

이렇게 해서 기독교의 삼위일체는, 하나님은 사랑이라는 고백 안에서 온전히 그 의미를 갖게 된다. 삼위가 서로 구분되나 분리되지 않고, 모두 동일한 본질이요 같은 하나님이라는 고백은, 오로지 하나님을 사랑으로 이해할 때 가능한 것이다.

역사적 예수와 예수의 사상

오늘날, 역사적 예수에 대한 관심이 많아졌다. 그리스도가 아닌 예수에 대한 관심이다. 예수의 사상이 무엇이었을까를 밝히려는 작업이 활발하다. 안병무 박사는 그의 책 「갈릴리아의 예수」에서 이렇게 말한다. "일생을 통한 나의 관심은 신학이 아니라 '역사의 예수'였다." 이 말은 기독교의 역사를 통한 사상의 축적을 건너 뛰어 실제로 살았던 예수의 삶과 생각에 관심을 가졌다는 말이다. 기독교 사상은 예수를 이해하는 데 걸림돌로 여겨졌던 것이다. 그럴 수 있다. 역사의 예수로 직행하겠다는 안병무 박사의 의도에는 기독교 사상사를 통해 시대마다 형성된 교회 지도자나 당시 기득권자들의 인식의 막을 걷어치우고, 생생하게 예수의 선포 앞에 서고자 하는 열망이 담겨져 있다.

그러나 어떻게 인간 예수의 삶에 직접 도달할 수 있는가. 성서 밖의 문서에 예수에 대해 언급한 것이 거의 없으므로 결국 예수의 삶과 가르침을 기록한 문서인 성서에 의해서 접근할 수밖에 없다. 그리고 그 문서는 이미 편집자들의 어떤 관심에 의해 해석된 것이다. 그렇다면 실제의 예수에 대해서는 알 수 없다는 불트만 식의 불가지론(不可知論)으로 돌아가게 될지도 모른다. 그럼에도 불구하고 학자들은 여러 가지 관심을 가지고 역사적 사실을 찾아 나섰다. 복음서의 베일을 벗겨 역사적 예수의 실체를 추려내는 작업은 종교학이나 인류학이나 사회과학 같은 다양한 학문을 동원해서 1세기 팔레스타인의 상황을 밝혀내고 그 시대에 살았던 인물 예수를 규정해 보고자 했다. 말하자면 삶의 구원을 위한 '진실'이라고 여겨진 케리그마로부터 역사적 '사실'들을 가려내는 것이라고 할 수 있다. 루돌프 불트만(Rudolf K. Bultmann, 1884~1976)은 성서에서 삶의 진실을 찾아야지 역사적 사실을 찾으면 안 된다고 보았지만, 그가 포기한 역사적 사실을 추구하는 연구가 학자들에 의해 끊임없이 진행되고 있는 셈이다. 이른바 1980년대 미국에서 일어난 예수 세미나는 그러한 사실들을 밝히는 최근의 작업이다.

그러나 예수의 '사실'을 밝혀낸 끝에서 다시 만나는 것은, 예수가 생각한 삶의 '진실'에 관한 것이다. 진리에 대한 관심이 없이 역사적 예수를 만날 수 없다. 사실, 역사라고 하는 것도 객관적 사실의 나열이 아니라 의미를 찾기 위해 꾸민 이야기다. 역사(history)는 이야기(story)이고, 이야기는 플롯이 들어간 것이어서 사실 자체의 나열이 아니라 줄거리를 잡아 꾸민 것이다. 그것은 물론 허구인 소설과는 다르지만, 사실 자체와도 다르다는 점을 염두에 두어야 한다. 그렇다면 자료가 많지 않은 역사적 예수에 관해서 사실의 역사를 찾기 너무나 어렵다는 것은 두말할 나위가 없다. 예수보다 500년 앞선 플라톤이나 공자의 경우에는 밝혀낸 사실의 분량이 많아서, 우리는 '공자의 사상'을 좀 더 분명하게 말할 수 있을 것이다. 그러나 그 경우에도 사실이 불명확한 부분은 상상력으로 채워질 수밖에 없다. 그리고 그 상상력에는 연구자의 사상이 들어가게 된다. 역사적 예수의 경우에는 더 말할 것도 없다. 사실에 가까울 것 같은 단편적인 자료를 찾는다고 해도, 그 조각들을 맞춰 그려낸 예수의 모습은 연구자의 주관적 관심과 무관할 수 없다. 역사적 예수에 관한 연구의 출발과 그 끝이, 인간의 자유와 구원의 길을 찾으려는 연구자의 노력과 무관하지 않다는 말이다. 그래서 신약학자들 중에는, 역사적 예수의 자료를 평가하는 단계에서 연구자의 선입견이 크게 작용하고 있다고 실토하는 학자들이 있다.

2

오늘날 예수의 사상에 대한 관심이 많지만, 그것은 인문주의와 휴머니즘이 전면에 크게 부각된 근대 이후의 이야기다. 정확히 말해서 자유주의 신학의 주제라고 할 수 있다. 교회사에서 '예수'는 '그리스도'에 의해 묻혀 있었다. 말하자면 실제 인물로서의 나사렛 예수는 연구의 대상이 아니며, 기독교 사상의 기반을 형성하는 물음이 되지 못했다. 신적 존재인 하나님의 아들에게 무슨 사상이 있을 수 있는가. 그리스도가 강조될 때 인간 예수의 사상이라는 것은 관심거리가 될 수 없었다. 휴머니즘이 강하게 부각되고 난 이후에야 인간 예수에 관한 관심이 부쩍 늘어났다. 신학으로 보면, 인간이 커지면서 그동안 두렵고 떨리는 마음으로 믿어왔던 하나님 속의 인간성에 대한 관심이 늘어났다고 할 수 있다. 신학의 중심 개념이 실체에서 주체로 바뀌면서 신은 주체로 설명되기 시작했고, 인간과의 주체적 관계라고 하는 운동을 품고 있는 신을 말하게 되었다. 그동안 사람은 하나님의 상대가 안 되었는데, 근대 이후에 그리스도론은 사람이 하나님의 상대가 되는 데 초점이 맞추어졌다. 그러한 신학의 변화는 사람으로서의 예수에 대한 관심을 높이는 데 크게 기여했다. 삼위일체에서 볼 때 사람의 상대가 되는 하나님은 성부가 아니라 성자 하나님이요, 성자 하나님의 두 속성 가운데서도 진짜 인간으로서의 예수가 부각되었다.

그러므로 주체로서의 인간이 두드러진 서구 근대에 이르러서야 역사 속에 실제로 살았던 한 인간 예수에 대한 관심이 두드러진 것이다. 그들은 19세기 자유주의 신학이 한창일 때, 처음에 예수를 심리적인 차원에서 다루었는데, 단순히 영적인 존재가 아니라 심리적인 존재가 됨으로써 예수 그리스도는 인간 예수의 모습을 갖게 되었다. 그렇게 되면 예수의 여러 가지 주장과 생각과 마음의 변화들이 묘사되게 된다.

물론 과거에도 그리스도가 예수를 완전히 누를 수는 없었을 것이다. 그리고 역사적 예수에 대한 관심이 교회에서 완전히 배제될 수는 없었을 것이다. 왜냐하면 그리스도론은 시대정신의 변화에 따라서 달라질 수 있는데, 그럼에도 불구하고 교회가 동일성을 유지하는 데는 실제로 이 땅에서 살았던 예수에 대한 신앙이 중요한 역할을 했을 것이기 때문이다. 역사적 예수에 관한 언급은 이미 초대 교회에서부터 시작해서 다양한 성서 해석을 가능하게 하는 근거가 되었을 것이며, 끊임없이 변화하는 가운데서도 기독교로서의 동일성을 지키는 데 중요한 역할을 했을 것이다. 기독교의 사상은 성서를 해석하면서 전개되었고, 그 중에서도 예수의 말씀과 행위는 누구를 막론하고 자기주장을 뒷받침하는 근거로 인용되고 해석되어왔기 때문이다. 다만, 그리스도를 고백하는 신앙의 각도에서 역사적 예수가 그려지고 해석되었다는 점에서, 그동안 역사적 예수는 그리스도론에 따라 만들어졌다고 할 수 있을 것이다.

그런데 그런 교회 전통을 그냥 뛰어 넘을 수도 없으려니와 사실 그렇게 할 필요가 있을까 하는 생각이 든다. 왜냐하면 그리스도론의 역사는 우리들에게 필요한 다양한 예수의 모습을 비춰주었기 때문이다. 역사적 예수를 연구하는 보그(M. Borg) 같은 사람은 예수를 유대 전통 속에 있는 예언자이자, 일상적인 인간의 삶의 모양을 비웃는 지혜 교사이자, 하나님의 영으로 충만한 치유자이자, 사회 정치 시스템에 도전하고 바꾸려고 했던 사회개혁자의 모습으로 다양하게 그리고 있다. 그런데 서로 모순되는 것 같은 이런 다양한 모습은 그리스도론의 발전사에서 어느 정도 그려지고 있는 것들이다. 다만 인간 예수의 모습이 구원자 그리스도의 신앙 고백 속에 묻혀 있었을 뿐이다. 그런 점에서 역사적 예수에 관한 연구는 기존 신앙에 충격적인 요소가 있음에도 불구하고, 그리스도론을 풍부하게 하고 종래의 그리스도론의 발전사 속에 포함될 것으로 보인다.

3

　　역사적 예수의 연구가 전면에 등장한 이후에도 관점에
따라 성서의 자료 중에서 중시하는 부분이 갈린다. 자유주의 신학은 아무
래도 사랑을 강조한 말씀이나 윤리적 말씀을 중시할 것이고, 메시아 비밀
이나 제자들을 내보내며 하는 담론이나 종말론에 관련된 기사는 뒤로 밀려
날 것이다. 반면에 임박한 종말론의 관점을 가지고 보면, 메시아 비밀 같은
기사가 매우 중요하고 주기도문이나 산상수훈까지도 모두 종말론적인 관
점에서 이해하려고 할 것이다. 그 경우 예수의 사상에 관한 서술도 달라지
는데, 예수의 사랑 이야기가 인류 모두에게 해당되는 것인지 아니면 종말
론적 유대 공동체에 제한된 것인지 달라진다. 말씀 선포의 대상이 임박한
종말을 기다리는 공동체에 제한된 것이거나, 아니면 호슬리(R. Horsley)가
말하는 대로 대안적 공동체에 제한된 것이라면, 사랑의 계명의 보편적 의
미가 감소되면서 종교적인 신앙의 중요성이 더 강조된다. 예수의 말씀대로
살려면 먼저 하나님을 믿는 공동체에 들어와야 하고, 그들 사이에서만 원
수도 사랑할 수 있게 되는 것이다. 그러나 여전히 학자들은 다양한 모습의
예수를 그리고 있다. 학자들에 따라서는 여전히 슈바이처(A. Schweitzer)의
종말론의 연장으로 보이는 예수 상을 주장하는 샌더스(E. Sanders) 같은 사
람도 있고, 예수를 임박한 종말론과는 거의 무관하다고 보는 이들도 있다.
　　사실, 예수의 사상을 말하는데 보고자 하는 대로 보는 점이 전혀 없을
수 없을 것이다. 시대의 가치관이나 전망 등이 중요한 역할을 한다는 것을
부인하기 어려울 것이다. 예수를 말하는 연구자 자신이 살고 있는 시대의

시대정신 그리고 그 사회의 정치 문화 현상과 무관하지 않을 것이다. 오늘날 학자들이 성서에 나오는 예수의 말씀에서 사랑을 강조하지만, 그 사랑은 현대인들이 생각하는 사랑과는 다르다고 봐야 할 것이다. 오늘날 사랑이라면 타인을 사랑하는 것을 의미하고 윤리라면 그러한 이웃에 대한 사랑을 의미한다. 그래서 예수의 산상수훈의 교훈은 세속화 이후의 현대인들에 이르기까지 많은 영감을 주어왔으며, 인류 문화의 완성을 위해서 중요한 방향을 제시하는 윤리 규범으로 여겨져 온 것이 사실이다. 그러나 예수가 말하는 사랑은 하나님에 관한 사랑과 연결되어 있다. 그리고 하나님에 관한 사랑이란 오늘날의 용어로 말하자면 믿음이라고 해야 할 것이다. 하나님에 대한 절대 신뢰를 통해서 다른 인간관계로 나아간다. 먼저 하나님을 사랑하고, 그리고 이웃을 사랑하는 것이다. 예수께서는 하나님과의 강한 연대에서 모든 행동 방향과 윤리 규범을 산출해 내었던 것이며, 그런 모델은 그를 만나는 모든 사람들에게 제시되었다.

마커스 보그 같은 신약학자는 역사적 예수 상을 여러 가지 모습으로 그리지만, 두 가지 초점이 있다고 본다. 그는 그것을 '영'과 '사회 세계'로 요약한다. 그는 예수를 강력한 사회 변혁의 의지를 가진 인물로 그리지만, 예수의 사회 변혁 운동은 어디까지나 영적인 카리스마와 관련이 있다고 본다. 하나님의 실재를 생생하게 느끼고 있는 믿음의 신비가 없이는 당시의 지배적 윤리에 반대하는 운동력을 예수에게서 찾아내기 힘들다는 말이다. 하나님의 실재를 체험하는 신앙의 신비와, 가난한 환자들을 치유하는 것과, 당시 실제적인 계급 체계를 이루고 있던 정결 예법을 비판하며 종교 개혁을 지향한 것과, 유대 상류층과 충돌하면서 대안적 삶을 제시한 정치적 행위는 서로 연결되어 있었던 것이다. 호슬리나 피오렌자처럼 사회적이고 정치적인 차원에서 급진적 개혁자의 모습을 보려고 하는 사람들도, 예수가 유대교의 신앙과 상상력을 기반으로 투쟁했다고 본다. 이런 주장들은 하나님 신앙을 제외하고는 어떤 형태의 예수의 윤리도 말할 수 없음을 알려준다.

사랑과 정의라는 보편적이고 인문학적인 덕목은 종교의 지향점이라고 할 수 있다. 그러나 역사적 예수에 관한 연구 결과를 보더라도 사랑과 정의의 덕목은 강력한 종교적 신앙에서 비롯되었다. 신앙은 윤리적 덕목 이상의 초윤리이면서, 초윤리의 위로하는 힘으로 윤리를 이끌어내는 것이다. 그런 점에서, 바울이 예수에게서 속죄론을 이끌어내고, 교회가 그리스도론을 통해 참 하나님을 말한 것 역시 역사적 예수의 모습과 무관하지 않은 것이다.

"아무도 두 주인을 섬기지 못한다. 한 쪽을 미워하고 다른 쪽을 사랑하거나, 한 쪽을 중히 여기고 다른 쪽을 업신여길 것이다. **너희는 하나님과 재물을 함께 섬길 수 없다.**"(마 6:24) 여기서 재물이라고 한 것은 돈이나 부를 가리키는 것으로, 예수님은 그것을 '맘몬'이라는 말로 신격화했다. 그러니까 성서의 말씀은, 돈이 하나의 신이 되어 하나님의 자리를 밀어내고 인간의 마음을 지배하고 있는 현실을 염두에 둔 말이다. 교회는 이미 재물과 하나님의 축복을 일치시킨 지 오래다. 그러나 **예수께서는 둘 가운데 선택하라고 한다.** 예수님 말씀대로라면, 하나님을 믿는 것은 돈의 힘을 믿지 않는 것을 의미한다. 돈으로 안 되는 것이 거의 없는 세상에서 돈의 힘을 믿지 않는다면, 결과적으로 할 수 있는 것이 거의 없는 무능력자가 되는 것 아닐까? 하나님과 둘 중의 하나를 선택하라고 하는 것은 너무나 현실을 무시한, 지킬 수 없는 계명을 준 것이 아닐까? 이 말씀은 아마도 오늘날 설교자들이 가장 기피하는 성경 구절 가운데 하나가 된 것 같다. **우리는 어떻게 살아야 하는 것일까?**

4

대속자인나

|

도스토예프스키(1821~1881)는 그의 소설 「까라마조프 씨 네 형제들」에서 기독교에 대한 특별한 애정을 드러내었다. 그는 청년 시절 반정부 시위 때문에 정치범으로 사형 선고를 받고 감옥 생활을 했으며, 사형 집행이 이루어지기 직전 황제의 특명으로 풀려난 특이한 경험을 지닌 사람이었다. 나중에 그의 소설에서는 러시아와 인류의 미래를 위해 기독교에서 희망을 찾는 모습을 보여주었다. 물론 그는 교회의 타락을 잘 알고 있었으며, 그런 사실은 위 작품에서도 출세주의 신학생의 이야기 등에 잘 나타난다.

그가 생각한 기독교의 이상은 한마디로 깊은 영성을 지닌 사랑의 종교였는데, 그것을 대표하는 인물이 조시마 수사다. 도스토예프스키는 기독교가 무언지를 보여주기 위해 조시마 수사와 페라폰트 신부를 비교하는데, 페라폰트는 철저하게 종교적 계율을 지키고 금욕적인 생활을 하면서 남을 잘 정죄하는 사람이었다. 조시마 장로수사는 사람들과 이야기하는 것을 즐기고 인간에 대한 애정을 지닌 사람이었다. 도스토예프스키가 생각한 기독교의 참된 영성은 조시마 수사의 설교에 잘 나타나 있다.

조시마 수사의 설교에 이런 이야기가 있다. "사람은 결코 심판자가 될 수 없음을 기억해 두십시오. 만일 어떤 죄인이 앞에 서 있다면, 그 사람과 마찬가지로 나도 죄인이며, 그 사람의 죄에 대해서 어떤 사람보다도 내가 더 죄인이라는 사실을 깨달아야 합니다. 겉으로 보기에 미친 소리 같지만 이 말은 진리입니다. 나 자신이 의롭다면 내 앞에 있는 죄인은 존재할 수 없었을 것이기 때문입니다. 만일 당신이 마음속으로 판결해 버린 죄인의 죄를 짊어질 수 있다면 당장 그 짐을 짊어지고 그를 위해 고통 받으며, 질책하지 말고 그를 풀어 주도록 하십시오." 어떤 죄인보다 내가 더 죄인이며 따라서 나는 그를 심판할 자격이 없다. 그리고 나는 그 사람의 죄에 대해 책임이 있다. 왜냐하면 그가 죄를 지은 것은 내가 오늘 의롭게 살지 않았기 때문이다. 도스토예프스키가 말하는 기독교의 영성은 그런 것이다.

그러나 내가 알지 못하는 어떤 죄인이 나와 무슨 상관이 있다는 말인가? 부산에서 죄를 지은 사람의 죄가 서울에 사는 나와 무슨 상관이 있다는 말인가? 수많은 사람을 죽인 살인범보다 내가 더 죄인이며, 그가 지은 죄가 나의 잘못 때문이라는 말은 도대체 말이 되는 것인가? 그런데도 도스토예프스키의 조시마 수사는 말한다. "내가 오늘 정직하게 살았으면 그는 죄를 짓지 않았을 것입니다." 세상의 모든 죄와 고통에 대해 내가 책임이 있다는 말이다. 기독교인은 그 책임을 느껴야 하며, 그래서 나는 누구도 정죄할 수 없고 오히려 죄를 지은 그보다 더한 죄인으로서 그 죄인의 죄를 내가 짊어져야 한다는 말이다.

한 작은 인간이 우주의 고통과 삶의 수난에 대해 어떤 책임감을 느끼는 무한한 양심의 영성. 만일 자신이 바로 서고 좀 더 의인에 가까워진다면, 그것이 바로 우주의 고통을 해결하는 첫 길이며 우주의 치유와 구원에 관련된 것임을 아주 세밀한 양심으로 느끼는 인격의 소유자. 그것이 도스토옙스키가 바라본 기독교 영성이다. 우주의 수난을 짊어진 자만 우주의 구원을 느낄 수 있다. 그 영성의 깊이는 무엇이며, 만일 그것이 우리에게 주어진 계명이라면 얼마나 어마어마한 요구인가!

2

그런데 위의 구절에 크게 영향을 받고 20세기 최고의 사상가가 된 사람이 있으니, 그가 에마뉘엘 레비나스(Emmanuel Levinas, 1906~1995)이다. 그는 리투아니아에서 태어나 어려서 러시아 문학을 공부하고 이후 프랑스 스트라스부르로 이주하여 철학을 공부했다. 윤리를 제일 철학으로 내세우며 레비나스는 인간의 의식과 의미가 다른 사람과의 관계에서 발생한다고 봄으로써, 서양의 사상 전체를 바꾸려고 했다. 유대계 프랑스인이었던 그는 리투아니아에 남아 있던 부모 형제가 히틀러 치하에서 몰살당한 후, 인간 폭력의 근본적인 이유를 인간의 사고방식 그 자체에서 찾았다. 다른 것을 다르게 놔두지 못하고 같은 것 속에 포함시킬 때 인간은 우열을 가리는 폭력을 행사한다. 개별적 인간을 보편적 권위 아래 두려는 동일성의 철학에 대해 반기를 들고 다름과 차이를 강조한 면에서 그는 새로운 사상의 조류를 몰고 왔다. 1995년 그의 죽음 이후 그의 사상을 어떻게 이해하고 실천할 것인가 하는 것이 사상계와 종교계의 큰 과제가 되고 있다.

레비나스는 「전체성과 무한」, 「존재와 달리」 같은 책에서 남은 내가 알 수 있는 존재가 아님을 선언하고, 남을 내가 안다고 생각하는 것 자체가 폭력이라고 말했다. 다시 말해서 타자의 신비를 말한 것이다. 하나님의 신비가 아니라 나와 다른 사람의 다름의 신비다. 나는 남을 알 수 없으며 다만 응답할 수 있을 뿐이다. 이 응답(response)의 구조가 바로 책임(responsibility)을 일깨운다. 레비나스는 타자, 곧 다른 사람에 대한 무한 책임을 말했다. 나는 내 앞의 사람에 대해 무한한 책임을 진다. 그의 고통 그리고 그의 잘못에 이르기까지 나는 책임을 져야 한다. 이것은 마치 그리스도를 통해 보여준 대속과 하나님의 수난을 연상케 하지 않는가. 또한 레비나스는, 내가 남에게 종속되고 사로잡힌 노예인 것으로 말했으며, 그러한 종속이 곧 특권인 것으로 말했다. 나는 그의 고통을 책임질 유일한 존재이기 때문이다. 그는 서양 사상에서 중요시한 주체나 자유라는 개념보다는 종이나 책임이라는 말을 더 즐겨 사용했다. 이런 것은 모두 레비나스의 사상이 종교적인 영성에 바탕을 두고 있음을 알 수 있게 하는 대목들이다.

기독교에서는 죄의 종에서 벗어나 하나님의 종이 되는 것을 구원으로 말하고, 그 구원의 상태를 사랑이라는 말로 표현한다. 사랑이란 다른 사람을 위한 희생을 수반하는 것으로서 이웃의 삶에 대한 일종의 책임감을 의미하는 것이다. 그러나 어디까지 사랑할 수 있는가? 이웃의 고통에 내가 어디까지 책임감을 느껴야 하는가? 인간은 어린아이의 고통에 가슴 아파한다. 누구나 예외 없이 가지고 있는 감정이다. 그러한 감정이입은 의무감에서 나오는 것이 아니라 저절로 나오는 것이다. 그러나 성서는 그처럼 자연스럽게 나오는 측은함과 공감의 능력보다 더한 것을 요구한다.

사실 원수까지 사랑하라거나 일곱 번씩 일흔 번이라도 용서하라는 것은, 상대의 과오와 허물에 대해 그리고 그의 삶 전반에 대해 내게 책임이 있음을 인정하라는 말씀이다. 물론 중세 교회에서는 그러한 계명이 보통 인간에게 맞지 않는 것으로 보고, 종교인인 사제나 수도사들이나 지켜야 할 계명으로 보았다. 그러던 것이 종교 개혁 이후 누구나 사랑과 용서의 계명 앞에 서는 것으로 보았다. 그러나 기독교 윤리에서 말하는 사랑의 의무는 맨 정신으로 이행할 수 있는 게 아니라, 하나님에 대한 믿음 속에서 성령의 감동으로 이루어지는 것이다. 율법과 계명은 그 자체로 독립되어 있지 않고, 그리스도의 대속에 대한 믿음 안에서 새로운 가르침으로 거듭나는 것이다.

그러나 레비나스는 신학자가 아니라 철학자이다. 기독교 윤리의 언어로 말하지 않고 철학자로서 말한다. 그는 타자에 대한 무한 책임의 구조를 누구에게나 있는 인간의 기본적인 의식 구조로 생각했다. 그리고 기독교에서 그리스도가 감당했던 대속(代贖)을, 그는 누구나 사람이라면 타자를 위해 치러야하는 것으로 보았다. 레비나스가 볼 때 신은 타자의 얼굴 앞에서 발생하는 것이다. 인간은 자기에 대해 자기를 위해 있기 전에, 그리고 하나님에 대해 하나님을 위해 있기 전에, 다른 사람에 대해 다른 사람을 위해 있다. 그렇게 함으로써 레비나스는 양심이 무뎌진 종교의 교조주의는 물론이고 서양의 차디찬 개인주의도 극복하고자 했다. 경건함과 종교성은 생명 있는 것들의 고통에 대한 책임감에서 발생한다. 그 책임감은 남의 불행에 공감을 느끼고 안타까워하는 데서 시작해서, 그의 잘못까지도 나의 부족함에서 비롯된 것으로 생각하는 데까지 이른다. 사실 이 문제는 기독교의 영성에 있던 것이다.

3

예수께서 일곱 번 씩 일흔 번이라도 용서하라고 했을 때, 사백구십 번이나 용서하라는 이야기가 아니다. 나는 누구를 용서할 자가 아니라 나야말로 용서를 받아야 할 자임을 알아야 한다는 것이다. 어쩌면 나는 나를 모함하고 괴롭힌 자에 대해서도 용서를 구해야 할지 모른다. 그것이 만 달란트 빚진 자와 백 달란트 빚진 자의 비유에서 예수께서 하고자 한 이야기인 것 같다. 나는 언제나 만 달란트(수백, 수천억 원)의 빚, 곧 갚을 수 없는 빚을 진 자다. 그런 내가 그 빚을 탕감받아 얼굴을 들고 살고 있는데, 어떻게 수백만 원 빚진 사람을 고발하고 감옥에 가두겠다고 위협할 수 있는가. 그러므로 나는 누구를 용서할 수 있는 자가 아니라, 만인 앞에서 나야말로 용서를 받아야 할 자다. 그리고 나에 대해 가해한 자의 그 가해 행위에도 나의 책임이 있음을 인정해야 할지 모른다. 이처럼 나에 대한 다른 사람의 죄에 대해 내가 심판자가 될 수 없고 오히려 그의 잘못까지도 내가 짊어져야 한다는 영성은, 죄와 벌의 일반적 판단을 바꾸어 놓는다.

그러나 성서의 용서의 이야기에는 하나님과의 관계가 전제되어 있다. 만 달란트의 빚을 탕감받는 것은 세상에서 일어날 수 있는 일이 아니라, 하나님에 대한 믿음 안에서 벌어지는 은총의 구조다. 인간은 누구를 용서할수 없는 존재다. 사랑이란 남의 고통에 대한 감수성인데, 인간은 모르는 사람과의 관계에서는 공감 능력의 한계가 뚜렷하다. 자기 자식의 고통을 자기 고통처럼 느낄 수 있지만, 다른 사람은 아니다. 더구나 이해관계가 부딪칠 때 인간은 상당한 공격성을 띠고 자기 방어적이게 된다. 무엇이 옳고 그른지를 판단하는 기준은 내 편이냐 아니냐에 따라 결정된다. 자기 이득에서 한 치도 양보하지 않으려고 하는 존재가 인간이다. 성서는 인간의 현실을 그렇게 보고, 그런 인간의 분쟁을 해결하는 길은 하나님에 대한 믿음에 있다고 보았다. 자기를 무한히 사랑하는 분 앞에서, 인간은 자신이 얼마나 죄인인지 알게 된다. 이 세상에 얼마나 많은 빚을 지고 있으며, 남을 얼마나 많이 가해하며 살아온 존재인지 알게 된다. 인간은 자신을 정죄하는 사람 앞에서는 자기 잘못을 인정하지 않지만, 자기를 사랑하는 사람 앞에서는 자신의 죄를 드러낸다. 성서가 유도하려고 했던 것은, 무한한 하나님의 사랑 앞에서 인간으로 하여금 자신이야말로 용서받아야 할 자임을 알게하는 것이다. 그러면 남을 함부로 정죄하지 않고, 세상과 다른 사람 앞에서 겸허하게 되고 나아가서는 세상의 고통에 대한 책임을 느끼게 될 것이다. 그런 식으로 세상에 평화를 심는 자가 되는 것이다.

그런데 나에게 가해한 사람의 잘못까지 내가 책임을 느끼는 것은 하나님과의 관계 안에서 생기는 비밀이다. 누구도 나에게 나의 원수를 사랑하라고 명령할 수 없다. 누구도 나에게 나를 모함하는 자의 그 유치한 모함까지도 나의 책임이라고 앞질러 말할 수 없다. 나는 그런 높은 윤리적 요구로부터 자유롭다. 나에게 원수 사랑의 계명을 줄 수 있는 분은 오직 나를 사랑하는 하나님뿐이다. 세상의 고통을 자기 고통으로 알고 십자가를 진 대속자 예수만이 나에게 자기 길을 따르라고 말할 수 있다. 그러므로 원수까지 사랑하라고 하는 것은, 일반적 계명이나 율법이 아니다. 그것은 "나는 너를 사랑한다"고 하는 하나님과의 관계 안에서 생겨나는 비밀이다. 밖에서 그 누구도 내게 명령할 수 없다. 이웃 사랑의 계명이란, 한 작은 인간의 영성 속에서 우주적 규모로 비밀스럽게 펼쳐지는 세계인 것이다.

4

레비나스는 이런 성서의 영성을 바탕으로 기존의 철학을 뒤바꾸려 했다고 볼 수 있다. 레비나스가 20세기와 21세기의 사상계에 준 충격은, 사실 그동안 교회에 의해 가려졌던 성서의 영성이 새롭게 철학의 옷을 입고 준 충격이라고 할 수 있다. 레비나스는 신을 말하기 전에 타자의 헐벗은 얼굴을 말했다. 타자는 헐벗은 얼굴로 나에게 명령하고, 나는 그 명령을 피할 수 없으며 응답할 수밖에 없다. 나는 타자의 죄와 고통을 대속할 유일한 존재로서의 특권을 지닌다.

칸트는 대속자 예수의 신앙을 세속화해서 이성 신앙으로 바꾸었다. 그래서 그는 도덕적 실천에 충실한 자만이 자기의 부족함을 스스로 용서하게 된다고 보았다. 그리스도의 대속의 은총이란, 최선을 다한 자 스스로 자기 결함을 용납하는 것을 상징하는 것이다. 반면에 레비나스는 대속자 예수의 신앙을 세속화해서, 인간 각자가 만인의 대속자라고 보았다. 칸트가 대속의 '은총'을 개인의 실천 이성의 측면에서 이해하려고 했다면, 레비나스는 만인에 대한 대속의 '책임'을 말한 것이다. 레비나스가 말하는 타자에 대한 책임 의식은 칸트가 말한 양심보다 수준이 높다. 유한 책임에 기반을 둔 칸트의 개인주의 윤리보다 훨씬 높은 윤리로 나아가 무한 책임을 말했다. 이런 높은 도덕성은 종교에 가까운 것이다. 도스토예프스키가 말한 기독교 영성이 그것이다.

기독교는 사랑하시는 하나님에 대한 믿음으로부터 높은 도덕성에 접근하려고 했다. 그리스도의 은총이 높은 도덕성을 유도한다. 그러나 그런 높은 도덕성의 긴장은 견디기 어려운 것이기 때문에, 흔히 기독교의 믿음은 하나님의 은총을 값싸게 만들고 만다. 그러나 그리스도의 수난에서 열린 은총의 문제를 값싸게 만들 수 없다는 점을 일깨워주는 것이 레비나스의 사상이다. 그는 그리스도의 은총을 언급하지 않으면서, 우리가 타자에 대한 대속자가 되어야 한다는 것을 말한다. 레비나스의 사상은, 은총의 종교인 기독교가 가야 할 방향을 제시한다. 신앙은 윤리를 수반하는 것이다. 그리고 그 윤리는 타자에 대한 유한 책임으로부터 무한 책임으로 발전해 나갈 것이다. 그것이 레비나스가 우리에게 주는 교훈이다.

그리스도인의 경제생활

쿠바의 지도자인 카스트로는 2008년 2월 국가 평의회 의장직을 사임했다. 그가 몇 년 전에 프랑스의 권위 있는 시사 잡지인 〈르몽드 디플로마티크〉의 라모네 편집인과 인터뷰를 했다. 그 인터뷰에서 카스트로는 자본주의 사회의 소비적 삶과 물질주의 행태를 비난했다. 그러자 라모네는, "그러나 사람은 물질과 재산도 필요하지 않나요?"라고 물었다. 거기에 대해 카스트로는 이렇게 답했다. "물론 필요합니다. 나는 물질적 필요의 중요성을 간과하지 않습니다. 그러나 삶의 질은 지식과 문화에도 있습니다. 진정한 가치는 진정한 삶의 질을 이룹니다. 최고의 삶의 질은 넘치는 의식주와는 또 다른 차원에서 찾아야 합니다."[2]

---

2) 피델 카스트로, 이냐시오 라모네 공저, 송병선 번역, 「피델 카스트로: 마이 라이프」, 현대문학, 2008.

　어디서 많이 듣던 이야기다. 정신적 가치를 가르치는 도덕 시간이나 영적인 삶을 강조하는 설교 시간에 많이 듣던 말이다. 그 말을 목사도 아니고 교사도 아닌 정치인이 하고 있다. 알고 보면 사회주의 역시 물질 문제를 해결하려고 나온 것이다. 평등을 주장했지만 초점은 물질의 평등에 있었다. 그런데 사회주의 국가의 지도자 카스트로는 왜 정신적 가치를 강조하고 있을까? 그가 볼 때 자본주의 사회에서 사는 사람들은 거의 물질 숭배 속에 산다는 이야기이다. 그래서 가난한 나라 쿠바를 만든 최고 책임자가 세상을 향해 훈계를 하는 것이다. 사회주의 혁명을 통해서 건설한 쿠바는 물질의 양에서 미국보다 떨어지지만, 부의 축적과 확대에 몰입하지 않고 서로 협력하는 삶을 살고 있는 면에서 더 문화적이고 정신적이라는 주장이다.

　우리는 해방 후에 자본주의 체제 하에서 놀라운 경제발전을 이루었다. 자유의 가치를 중심으로 한 민주 자본주의가 평등을 더 중요시한 사회주의 체제보다 우월하다는 것을 북한과의 비교에서 확실하게 느끼고 있다. 그럼에도 불구하고 평등의 문제는 적어도 기독교인들에게는 무시할 수 없는 과제요 덕목인 것은 분명하다. 20세기의 신학자 칼 바르트(Karl Barth, 1886~1968)는 자유주의 신학에 반대하며 하나님의 은총의 신학을 다시 들고 나왔다. 그 역시 자본주의 사회의 물신 숭배와 빈부 차이에 대해 신랄하게 비판했다. 그런 점에서 카스트로의 이야기는 기독교인들이 그냥 간과할 수 없는 진실을 담고 있다고 해야 할 것이다. 기독교인들은 영적인 가치를 찾는 사람들이요, 영혼의 구원을 말하는 사람들이 아닌가. 그렇다면 적어도 물질주의에 빠져 있다는 소리는 듣지 말아야 할 것 아닌가.

퀘이커 교도나 메노나이트처럼 따로 공동체 생활을 하지 않는 한, 기독교인은 자본주의 체제의 혜택과 그 결점 속에서 산다. 더구나 한국의 기독교인들은 기독교인이기 이전에 자본주의자라고도 할 수 있다. 역사적으로 볼 때 북미 선교사들로부터 자본주의 문화와 함께 기독교를 받아들였기 때문이다. 사실 기독교는 그 물질의 풍요로움으로 한국인을 설득했었다. 한국의 초창기 기독교 지식인들은 한국을 부국으로 만드는 데 관심이 있었고, 민중들도 선교사들이 가져온 의술과 그들의 높은 생활수준에 압도되었다. 1960년대까지도 돌과 붉은 벽돌로 지은 선교사들의 2층집은 동네 아이들에게 선망의 대상이었다. 조선시대의 웬만한 대감 집보다 훌륭했던 선교사들의 거처는 높은 담장으로 둘러싸인 신비의 집이었고, 뭔가 풍요롭고 진기한 것들로 가득 차 있어 보였다. 혹시 집 문이 열리고 자동차가 나오기라도 하면, 아이들은 몰려들어 구경했다. 선교사 부부와 함께 차에 탄 인형 같은 서양 아이들의 하얀 피부와 고급 의복이 빛나 보였다. 열렸던 문이 닫히기 전에 안을 들여다보면 넓고 푸른 뜰이 미국이라는 나라의 부유함을 보여주는 듯 했다. 선교사들의 집과 삶의 수준은 아직도 판잣집이 많았던 서울 시민들에게 높은 권위를 지니기에 족했다.

어떻게 보면 기독교 선교 초기에 선교사들의 가르침보다는 그들의 부유함이 한국인들에게 먼저 호소력을 지녔다고 할 수 있다. 그들의 풍요는 19세기 말부터 20세기 중반까지 한창 번영 중이던 자본주의 체제의 열매였다. 자본주의가 출현한 것이 아담 스미스의 「국부론」이 출간된 18세기 말이라고 보면, 기독교가 자본주의와 결합된 것은 얼마 되지 않았다. 그런데 우리나라는 처음부터 북미의 자본주의 문화를 통해 기독교를 받아들였기 때문에 기독교와 자본주의가 무조건 일치하는 것처럼 보여 왔다. 그리고 북한의 공산주의와 대결하면서 그런 의식은 더욱 강화되어서, 자본주의가 추구하는 경제생활이 그리스도의 말씀과 모순되는 점이 있을 수 있다는 데 대해서 별로 감각이 없는 것 같다.

2

　　　　　물론 기독교는 금욕주의가 아니고 물질을 악으로 보지 않으며 자유를 중시한다. 하나님이 처음 만드신 에덴동산의 인간은 선한 사람이라기보다는 자유인이었다. 정의나 사랑보다는 자유가 먼저이다. 그런 점에서 기독교가, 시민의 자유를 억압하는 공산주의 체제를 취할 수는 없을 것으로 보인다. 더구나 근대 자본주의의 출현에 개신교의 신앙과 생활태도가 크게 작용했다는 학설도 있다. 자유로운 경제 활동을 추구했던 근대의 상인 계급들은, 영주들을 지지했던 가톨릭의 구질서에 등을 돌리고, 누구나 복음으로 구원을 얻는다는 만인 사제설을 주장한 종교 개혁의 정신과 어울렸다. 종교 개혁자들은 모든 직업이 하나님의 소명이라고 함으로써 직업의 귀천을 없앴다. 그러면서 겉으로 무엇을 하느냐보다는 어떤 마음으로 하느냐가 더 중요하다고 했다. 그래서 돈을 벌고 이윤을 남기는 일도 하나님에 대한 믿음을 가지고 하면 성스러운 일이 될 수 있다는 생각을 갖게 되었다. 물질을 만들어 돈을 버는 생산직이나, 중간 거래를 통해 이득을 남기는 상업은 동서양을 막론하고 천시 여기던 것이었다. 중세 교회나 한국이나 중국은 물론이요, 직업 소명설을 주장한 마르틴 루터마저도 상업에 대해 경멸하는 감정을 갖고 있었다. 그렇지만 루터가 열어 놓은 만인 사제설을 시작으로, 칼뱅에 이르면 종교 개혁자들은 상업을 장려하고 이자를 받는 것도 복음과 위배되지 않는다고 보았다. 그리하여 개신교인들은 돈 버는 일을 소명으로 생각하고 상업을 귀한 일로 간주하기 시작했다. 하나님께 영광을 돌리겠다는 믿음과 경건으로 하면 무슨 일이든 성직(聖職)이 될 수 있다는 것이 만인 사제설의 정신이었기 때문이다.

상인 계급들의 자유로운 이윤 추구와 중세의 교회주의를 벗어난 개신교 복음주의의 자유로운 신앙생활이 서로 맞물렸다. 종교 개혁자들이 생각한 신앙이란 각 개인이 성서를 읽고 마음으로 믿어야 하는 것이었다. 그것은 교회에 가는 것을 신앙으로 이해한 중세의 객관주의를 주관주의로 바꾼 것이다. 그것이 서구의 근대 철학과 개인주의 등에 영향을 주었다. 종교 개혁의 자유로운 신앙생활과 상인 계급의 자유로운 이윤 추구가 맞물리면서 자본주의라는 새로운 경제 체제가 탄생되었다. 그것은 결과적으로 생산량의 증대를 가져왔고, 그 어느 때보다 인류는 넉넉한 물질을 누리고 생활수준의 향상을 경험하고 있다. 그렇게 보면 자본주의는 기독교, 특히 개신교와 무관하지 않은 경제 체제라고 할 수 있다.

영적인 것을 중시 여기고 물질을 천시 여기던 동서양의 인문주의 세상에서 자본주의 체제의 물꼬를 튼 것이 종교 개혁이라는 것은 의심의 여지가 없다. 실제로 아담 스미스가 활동한 스코틀랜드는 어느 지역보다도 칼뱅의 사상이 강한 지역이었다. 그런 식으로 기독교는 근대 경제 체제를 열었다. 중국의 경우에는 16세기 말 명나라 때 이지(李贄)라는 사람이 등장하여 상인 계급을 대변하여 물질 이득의 추구가 천리(天理)라는 주장을 하였으나 주류 정신으로 받아들여지지 않았고, 왕부지(王夫之)를 비롯한 개혁적 사상가들도 여전히 물욕을 경계하는 전통적 도학(道學)의 정치 경제 사상 안에 있었다. 오늘날 하이에크를 비롯한 자본주의 이론가들의 주장대로, 교회는 기업인 정신에 상당한 의미를 부여해야 할지 모른다. 특히 미국의 건국의 아버지들은 돈을 벌려고 노력하는 것을 신앙적인 행위와 결부시켰다. 그것을 탐심으로 보지 않고 근면과 정직성을 전제로 한 삶의 성실성으로 보았다.

3

    그런데 오늘날 자본주의 철학은 자본주의 초기의 개신교 정신과는 사뭇 달라졌다. 그래서 하나님에 대한 믿음이라는 종교적 동기를 빼고도, 돈을 벌고 이윤을 남기는 행위를 정당화한다. 기독교의 시각에서 보면 모든 문제의 시작은 거기에 있는 것일 수도 있다. 처음에는 이윤 동기와 신앙의 동기가 결합되어 있으면서 이윤 추구를 정당화했는데, 세월이 가면서 그 긴장을 견디지 못하게 되었다. 그리하여 신앙적 동기는 떨어져 나가고 정당화된 이윤 동기만 남을 때, 자본주의는 인간 탐욕의 도구로 사용될 수 있다.

  오늘날 자본주의의 이윤 동기는 이렇게 정당화된다. 현대 자본주의의 꽃은 기업이요, 자본주의 정신은 기업가 정신을 가리킨다. 기업인들이 새로운 아이디어를 가지고 성실하게 돈을 벌려고 할 때 그들의 돈을 자본으로 투자하게 되고, 그 과정에서 사람들을 고용하고, 사업에 성공하면 그 기업인이 돈을 벌 뿐 아니라 사회의 부도 증가하게 된다. 그러므로 경우에 따라서는 자선보다도 사업에 투자하는 것이 더욱 윤리적인 것으로 여겨질 수 있다. 자선은 일회적인 것이지만, 투자는 기업을 살리고 생산 라인을 가동함으로써 많은 사람들에게 일자리를 주고, 사회의 생산력을 증가시키기 때문이다. 개인이 이윤 동기에 따라 사업을 벌이고 투자하지만, 개인의 의도와 관계없이 사회적으로 선한 결과를 낳을 수 있다. 그렇게 해서 이윤 동기는 도덕적으로 부끄러운 것이 아니고, 결과적으로 도덕적인 것이 될 수 있는 측면이 있다. 돈을 벌기 위한 동기가 자기도 모르게 남에게 좋은 일까지 한다면, 기업을 한다는 것은 그 동기가 윤리와 무관하더라도 결과적으로 윤리적이다. 그런 식으로 오늘날 자본주의 윤리는 기독교적인 믿음의 동기 없이도 돈을 벌고 물질을 늘리는 일을 의로운 일로 생각한다.

우리는 가난이라는 것이 얼마나 무서운 것인지 안다. 그리고 직업을 잃은 삶이 얼마나 비참한지도 안다. 물질 조건의 개선은 건강한 삶을 위해서 중요하다. 그렇게 보면 사회의 부를 늘리고 일자리를 만들어 온 자본주의 체제는, 많은 사람을 먹여 살리고 생활수준을 높였다는 그 자체만으로도 높이 평가받아야 할지 모른다. 그리고 생산의 정의를 말해야 할지도 모른다. 흔히 정의라고 하면 분배의 정의를 말하는데, 실제로 사람들에게 일자리를 주고 넉넉한 삶을 살 수 있게 해주는 것은 분배 이전의 생산의 문제다. 공산주의는 분배의 정의를 위해 출발했지만 생산의 비효율성으로 대중을 독재와 가난에 처하게 했다면, 결과적으로 정의롭다고 할 수 없을 것이다.

그런데 인간에게는 잘 먹고 잘 사는 측면 이외에, 다른 측면의 요구가 있다. 그것은 정신적 가치라는 말로도 표현되는 것으로, 플라톤이나 공자의 인문주의가 출현한 이후 인간 교육의 중심을 이루었다. 인류의 스승들은 영혼의 자유를 위해 소유에 대한 집착을 버리고 물질을 경계했다. 물질 자체를 악하게 보는 것은 아니지만 물질에 마음을 두면 하늘의 마음에서 멀어지게 되어 있다고 보고 마음이 물질에 이끌리는 것을 경계했던 것이다. 퇴계는 고봉과 벌인 사단칠정 논쟁에서, 인간의 마음이 물질에 이끌려 사욕(私慾)에 빠지든지, 천명(天命)에 이끌려 선을 이루든지 둘 중의 하나임을 분명하게 했다. 성서는 그 문제에 대해 더 신랄한 말씀을 하고 있다. "아무도 두 주인을 섬기지 못한다. 한 쪽을 미워하고 다른 쪽을 사랑하거나, 한 쪽을 중히 여기고 다른 쪽을 업신여길 것이다. 너희는 하나님과 재물을 함께 섬길 수 없다."(마 6:24)

　여기서 재물이라고 한 것은 돈이나 부를 가리키는 것으로, 예수님은 그것을 '맘몬'이라는 말로 신격화했다. 그러니까 성서의 말씀은, 돈이 하나의 신이 되어 하나님의 자리를 밀어내고 인간의 마음을 지배하고 있는 현실을 염두에 둔 말이다. 교회는 이미 재물과 하나님의 축복을 일치시킨 지 오래다. 그러나 예수께서는 둘 가운데 선택하라고 한다. 예수님 말씀대로라면, 하나님을 믿는 것은 돈의 힘을 믿지 않는 것을 의미한다. 돈으로 안 되는 것이 거의 없는 세상에서 돈의 힘을 믿지 않는다면, 결과적으로 할 수 있는 것이 거의 없는 무능력자가 되는 것 아닐까? 하나님과 둘 중의 하나를 선택하라고 하는 것은 너무나 현실을 무시한, 지킬 수 없는 계명을 준 것이 아닐까? 이 말씀은 아마도 오늘날 설교자들이 가장 기피하는 성경 구절 가운데 하나가 된 것 같다. 우리는 어떻게 살아야 하는 것일까?

성서 앞에서 우리는 적어도 돈의 힘을 믿는 것과 하나님을 믿는 것이 상반된다는 것을 느껴야 할 것 같다. 기독교인이기 전에 자본주의자인 한국의 기독교인들의 신앙에 대해 다시 생각해 보게 된다. 오늘날 시장 경제는 다양한 방면으로 확대되면서, 돈을 벌고 쓰는 통로가 매우 다양해졌다. 기업은 거대한 시스템 속에서 수단방법 가리지 않고 이윤을 남기는 데 혈안이 되어 있다. 그것은 자본주의 초기 정신과도 어긋나는 것이다. 그리고 개인들은 시민이기 보다는 소비자로 전락했으며 이른바 재테크가 일상생활화 되었다. 주식이나 환 매매나 부동산 투기, 그 밖의 다양한 돈벌이 정보에 어두우면 그만큼 부를 늘리는 기회를 놓치고 상대적 빈곤에 처할 수 있기 때문에, 증권이나 부동산 정보 등에 촉각을 곤두세우지 않을 수 없게 되었다. 모든 게 돈이요, 꿈쩍하면 돈이니, 돈이 없으면 사람 구실하기도 힘들다는 세상에서 기독교인이라고 하나님만 믿고 살 수는 없다. 돈의 위력을 우습게 보고 신앙의 경건성 때문에 재산증식에 머뭇거리며 세상 풍조를 따라가지 않으면, 언젠가는 축복받지 못한 낙오자가 되어 자신의 잘못된 믿음을 한탄하고 있을 것이다. 그런 사람들은 교회에서도 환영받지 못할 것이다. 그래서 사람들은 확실하게 돈의 힘을 믿고 세상 풍조를 따른다. 그리하여 오늘날 한국의 그리스도인들에게는 돈을 믿는 것과 하나님을 믿는 것이 서로 모순 없이 양립하는 것 같다. 물론 기독교인들은 신앙인으로서 남들이 안하는 일을 한다. 주일에 교회에 가고 헌금도 한다. 그러나 예수는 그런 종교 행사를 치르라고 말한 적이 없다. 예수에게 중요한 것은 하나님의 뜻을 따르는 영원한 생명의 삶이었다. 칼뱅이나 웨슬리 같은 개혁자들이 요구한 것도 그것이었다. 그들은 율법 중에서 제의법의 효력이 없어졌음을 선언하고 사랑의 법을 강조했으며 돈을 버는 행위에 대한 거부감을 없앴지만, 축재에 대해 상당한 경계심을 드러내었고 번 돈을 구제에 쓸 것을 강조했다.

자본주의 체제는 학자들의 말대로 인류의 번성을 위한 유일한 경제 체제인지도 모른다. 그러나 대안이 없다고 해서 그리스도의 가르침과 일치한다고 할 수는 없다. 문제는 그 체제가 만들어 가는 삶의 모습이다. 교회는 급속히 자본주의 성장론에 적응해 왔고, 기독교인들은 하나님의 자녀이기 전에 자본주의의 자녀가 되었다. 다르게 살 방법이 없다. 문제는 분명히 보이는데, 다른 대안이 없는 것 같다. 그렇다면 어떤 학자들이 말하는 대로, 기독교가 로마의 국교가 된 이후 예수를 믿는 기독교는 소멸된 것인가? 콘스탄티누스가 세례를 받은 이후, 그리스도인들은 일상생활에서 로마법에 충실하게 되었다. 로마가 그리스도의 법을 따른 게 아니라 그리스도인들이 로마법을 따르게 된 것이다. 그리스도의 법을 따라 산다는 것은 예배나 교회 생활로 축소되고, 삶은 남다른 바가 없게 되었다. 그것은 정말 기독교의 승리가 아니라, 기독교가 로마에 먹힌 것은 아닐까?

4

일반적인 인간의 역사는 물질의 풍요를 향해 움직이는 것 같다. 그것은 문명의 한 축이다. 그러나 다른 한편으로 존재의 자유를 위해 소유에 끌리지 말라는 하늘의 영원한 요청이 있다. 종교 개혁자들이 한편으로 이윤 동기를 악하지 않은 것으로 정당화하면서 동시에 경제활동을 통해 하나님께 영광을 돌린다는 신앙의 동기를 붙여 놓으려고 한 까닭도 거기에 있다. 자본주의는 인간의 자유와 물질 추구의 욕망에 걸맞은 경제 체제이고, 그 욕망을 억압하지 않고 공식화하며 체제 안으로 끌어들였다. 종교 개혁자들은 그것을 신앙적으로 공식화했다. 인간의 욕망을 억제하는 가르침은 공연히 인간을 죄인으로 만들어 종교적 억압에 붙들어 둔다. 자본주의는 인간을 해방하는 일을 수행했다고 할 수 있다. 그러나 종교 개혁자들은 인간의 욕망을 공식화하면서 늘 신앙적 동기를 중시했다. 다시 말해서 물질 추구 자체가 목적이 되면 안 되고, 그것이 하나님과 사람을 위한 수단이 되는 전제로 자본주의적 생산방식을 끌어들인 것이다. 아우구스티누스의 표현대로 말하면, 물질을 사용해서(uti) 사람과 하나님을 향유(frui)해야 하는 것이다. 오늘날에는 사람을 사용해서 물질을 향유하고 있지 않은가? 기독교인들은 하나님을 사용해서 물질을 향유하고 있지 않은가?

교회와 정치

정치인들 중에는 선거철에 개신교와의 친밀성을 과시하고 기독교 신앙이 자기 인생에서 얼마나 중요한 역할을 했는지 강조하는 사람들이 있다. 개인의 신앙고백이나 종교 생활은 아무런 문제가 될 수 없지만, 그런 종교적 발언이 그의 정치적 장래를 염두에 둔 것이요, 정치 행보와 연결되어 있기 때문에 문제의 소지가 있다. 지난 대통령 중에 한 분은 청와대에 들어간 이후에도 계속 종교적인 발언을 하더니, 마침내 불교계의 반발을 사서 종교차별 금지법이라는 낯선 법을 만들게 되었다. 문제를 일으키고 그것을 풀기 위해 이상한 해결책을 내놓아야 하는 궁지에 몰리게 된 것이다.

대통령 유세 시에는 대형 교회 목사들이 신성한 예배 때 드러내 놓고 특정 후보를 대통령으로 지지하고, 그 분이 당선되어야 할 필요성을 매우 심한 말로 성도들에게 역설하고 강요하는 분들도 있다. 그들은 그 후보의 당선을 하나님의 뜻과 연결시켜서 말했다. 그러나 자기 나름의 정책과 국가 운영계획을 가지고 있는 한 정치가의 성공이 곧 하나님의 뜻이라고 하는 것은 너무 중심을 잃은 발언이 아닐까? 오늘날 국민 주권의 시대에 혹시 국민의 뜻을 하나님의 뜻이라고 할 수 있을지 몰라도, 한 정치가의 경우엔 그가 아무리 기독교인이라고 해도 그의 대통령 당선과 하나님의 뜻을 일치시키는 것은 무리일 수밖에 없다. 종교 박해의 시대에 종교를 수호하기 위해 등장한 인물도 아닌데 말이다.

개신교의 많은 교회 목사들이 그런 무리수를 둔 데에는 두 가지 원인이 있을 것 같다. 하나는, 장로가 대통령이라는 높은 자리에 앉으면 그만큼 기독교가 빛나고 축복의 종교임을 과시해서 선교에 도움이 된다는 생각 때문일 수 있다. 이런 생각은 한국 교회의 가장 큰 병폐 가운데 하나로서 일종의 힘 숭배와 연결된 것이다. 사실 대통령이 선교에 도움을 줄 수 있는 가장 좋은 길은 정치를 잘하는 일이다. 기독교인 대통령으로서 한국인 전체를 위해, 다른 누구보다도 더 큰 도덕성과 능력을 가지고 대통령의 직무를 잘 하고 내려오는 것이 그가 기독교를 위해 도움을 줄 수 있는 가장 큰 일이다. 둘째, 아마 그 후보가 지니고 있는 어떤 정책들이 자기 생각과 일치해서 지지했을 수도 있다. 그렇다면 후보의 당선을 하나님의 뜻이라고 주장한 분들은, 자기 생각이 곧 하나님의 뜻이라고 말한 셈이다. 어떤 국내 정치 문제나 대외 관계를 두고, 자기 생각을 곧 하나님의 뜻과 일치시키는 것은 매우 위험하고 교만한 생각이다. 개인으로는 그런 확신을 갖고 지지할 수 있지만, 교인들에게 자기 생각을 하나님의 뜻처럼 말해서는 안 될 것이다. 도대체 어떻게 그렇게 쉽게 하나님의 뜻을 들먹일 수 있는가? 내 이름을 망령되이 일컫지 말라고 한 십계명을 모르시는가?

2

아우구스티누스(354~430)는 기본적으로 국가나 정치를
죄의 산물로 생각했다. 그는 원래 하나님이 만든 세상은 가족과 같은 사회
를 이루었을 것이라고 생각했다. 다시 말해서 이해관계로 뭉친 사회가 아
니고, 가부장을 중심으로 서로 섬기는 마음으로 명령하고 복종하는 공동
체를 태초의 사회로 생각했다. 그런데 그가 생각한 이상적인 사회는 태초
에 있지 않고 종말에 있었다. '하나님의 도성'이라는 것인데, 거기에서 모
든 사람은 하나님을 사랑하고 이웃을 사랑하는 공동체를 이룬다고 아우구
스티누스는 보았다. 하나님의 도성에는 가부장도 필요 없고, 그 나라는 어
떤 명령과 복종도 필요 없는 곳이요, 하나님 안에서 충만하고 완전해서 서
로를 섬기는 사회다.

태초의 사회에서나 종말의 하나님 나라에서나 사람이 사람을 지배하는
것은 찾아볼 수 없다. 참된 나라, 곧 하나님의 나라는 "일체의 지배와 인간
권세는 없어지며 하나님이 모든 것 안에 모든 것이 될" 나라이다(신국론).
하나님의 도성은 이익의 조정이 아니라 사랑으로 화합을 이룬 사회요,
죄에 대한 예속이 없어 인간에 대한 예속이 없는 "자유로운 도성"(civitas
liberae)이기 때문이다. 아우구스티누스는 하나님의 나라의 눈으로 현실 정
치를 비판적으로 보고, 정치권력을 비신성화한다. 현실 국가는 로마의 키
케로가 정의한 대로, "법에 대한 동의와 이익의 공통성에 의해 결속된 대

중의 집합"이다. 이득을 생각해서 뭉친 사회라는 점에서 국가는 처음부터 그 사회성에 한계를 가진다. 지금의 정치는 인간의 본래적 사회성이 무너지고 서로 비사회적이 된 상태에서 생겨난 것이다. 자기 이익을 중심으로 서로 대립하고 있는 상태에서 더 큰 대립과 폭력을 막으려는 것이 정치다. 그러므로 정치가 이루는 평화는 처음부터 한계를 지닌다. 강제력을 동원해서라도 폭력을 막을 필요성이 생기고, 국가는 경찰력과 군사력을 지니고 평화를 이룬다. 그리고 거기서 그 강제력을 행사할 권한이 있는 최고 권력자가 생기기 마련이다. 국가 권력이나 통치자의 권력 그리고 그 강제력으로 이해관계를 조정하는 정치 행위는 아우구스티누스가 볼 때, 타락한 인간 사회에서 생겨난 것일 뿐 본래 하나님이 기대한 질서는 아니다.

그는 창세기 1장 26절을 인용한 뒤 이렇게 해석하여 말한다. "인간이 인간을 다스리라는 것이 아니고 인간이 짐승을 다스리라는 것이었다." 여기서 아우구스티누스는 인간이 인간을 다스리는 것은 하나님의 본래 뜻이 아님을 분명히 하고 있다. 그는 하나님 외에 우두머리가 따로 있다는 것 자체가 이미 예속 상태인 것으로 본다. 카인은 도성을 세우고 아벨은 도성을 세우지 않고 나그네로 살았는데, 카인의 이름은 "소유"(possessio)라는 뜻이다. 결국 국가는 대표적인 지상 도성으로서, 우두머리의 소유욕에 의해 움직인다는 것이 그의 주장이다. 권력자의 심리에는 많은 사람의 섬김을 받으려는 탐욕과 악의가 들어 있다. "하나님 밑에서 동료들과 더불어 평등을 누리는 것을 거부하고 하나님 대신 자신의 지배권을 동료들에게 부과하고 싶어 하는" 오만이 권력의 본질이다. 동료를 제거함으로 더 큰 통치권을 차지하려는 것이 권력의 속성이다. 큰 권력은 그만큼 큰 죄의 결과라는 것이 아우구스티누스의 생각이다.

물론 아우구스티누스는 하나님의 나라가 올 때까지 국가가 이루는 질서와 평화는 그리스도인들에게도 필요하다고 보았다. 그래서 그리스도인이 국가에 협조하고 높은 자리에서 많은 사람에게 유익을 미치는 것도 하나님의 뜻이라고 보았다. 그러나 그의 생각은 역시 국가와 정치권력을 비판하는 데 초점이 맞추어져 있다. 그 결과 그는 분명하게 국가 권력을 비신성화하고 정치의 한계를 짚을 수 있었으며, 그의 사상은 히틀러 치하에서 칼 바르트를 중심으로 교회의 정치적 태도를 천명한 바르멘 선언의 중심 사상을 이루었다.

아우구스티누스의 관점에서 보면, 교회의 역할은 정치권력이 이루지 못하는 일을 하는 데 있다. 그것은, 죄의 결과인 정치와 달리 죄의 용서로 인한 내면의 평화를 이룩함으로써 장차 올 하늘 국가의 모습을 어느 정도 보여주는 것이다. 결국 교회는 정치적 행위로가 아니라 그 존재와 삶으로 어떤 정치적 역할을 한다고 할 수 있다. 교회야말로 다른 활동이 아니라 하나님을 관조하고 예배하는 일과, 교회 안에서 이루어지는 인간관계와 행정에서 지배와 억압이 없는 모범을 보임으로, 인류가 지향할 참된 공동체의 모습을 보여야 하는 것이다. 그런 면에서, 아우구스티누스에게 교회는 국가에 대한 대안 공동체라고 할 수 있다.

3

        한편 가톨릭 신학의 중심을 이루고 있는 아퀴나스는 아우구스티누스의 사상을 계승했으면서도 정치에 대해 다른 관점을 가졌다. 아퀴나스에게는 하나님의 나라와 지상 나라의 긴장이 없다. 아우구스티누스의 종말론적 희망의 시각은 아퀴나스 신학에서는 크게 힘을 발휘하지 않는다. 아퀴나스는 국가의 형성과 정치권력의 존재를 죄의 결과로 보지 않고 자연스런 것으로 보았다. 아리스토텔레스를 따라 그는 인간이 개인으로는 살 수 없기 때문에 자급자족적 공동체로서 국가가 생겨났다고 본다. 그리고 사회가 형성되어 있는 한, 지배하는 자와 피지배자가 있는 것 역시 자연스런 일이라고 본다. 그는 원래 하나님이 만든 질서에도 지배자와 피지배자가 있었을 것이라고 본다(「신학대전」). 그런 점에서 그는 비기독교 국가의 정치권력도 모두 자연스런 것으로 보고, 신학적으로 정당한 것으로 인정했다.

    그리하여 아퀴나스는 물질 차원에서 국가의 역할을 인정하고, 교회는 국가 위에서 영적인 차원을 담당하는 것으로 봄으로써, 정교 분리의 체제를 완성했다. 원칙적으로 교회는 국가의 정치 행위에 간섭하지 않고 다만 종교적 죄의 문제에서 국가 지도자를 판단할 수 있다는 것이 13세기 중세 기독교 국가의 원칙이었고, 그 원칙은 아퀴나스의 사상과 일치하는 것이었다. 한편 아퀴나스는 국가의 역할을 국민 복지까지 담당하는 것으로 봄으로써, 형벌권으로 질서를 잡는 데 초점을 맞춘 아우구스티누스의 국가관보다 한층 더 국가의 기능을 폭넓게 인정했다. 그것은 종말론적 대망의 시대가 가고 이미 세상 안에서 자리를 잡고 세상을 끌어안은 교회가 정치에 대

215

해 가질 수 있는 종합의 태도였다. 물질 문제를 다루는 국가는 선이요, 교회는 물질이나 권력으로부터 초연해서 그 도덕성의 측면에서 국가보다 차원 높은 선을 이루는 곳이라는 아퀴나스의 생각이 중세의 교회와 국가의 관계를 규정했다.

그에게 정치 지도자는 공공의 복리 또는 공공선을 책임지는 자로서, 하나님이 세운 것으로 정당화된다. 그래서 가능하면 통치권자를 내모는 일을 하지 말 것을 주문한다. 그러나 동시에 저항권도 인정했는데, 만일 왕이 공익을 도모하지 않고 사익을 챙긴다면 그를 세운 하나님의 뜻에 어긋나는 것이라고 보았다. 그런 정치가는 권력의 정당성을 잃으며 그를 살해해도 된다고까지 말했다(『왕의 통치에 관하여』). 그 점에서는 아우구스티누스보다 한 발 더 나간 면이 있다. 아우구스티누스는 신앙의 문제를 건드리지 않는 한 세상 권력에 대체로 소극적인 복종을 권면한 반면에, 아퀴나스는 신앙의 문제가 아니더라도 정치 지도자가 공공선에 대한 책임을 게을리 할 때, 권력에 대한 저항을 인정한 셈이다. 그럼에도 불구하고, 아퀴나스가 정치 권력의 지배를 자연적인 것으로 인정한 점에서, 그의 정치관은 대체로 신중한 보수주의로 분류된다.

4

아퀴나스나 아우구스티누스나 모두 교회는 정치와 별개의 위치에 설 것을 요구했다. 그리스도인 개인의 정치 참여를 놓고 볼 때, 그들의 생각은 오늘날 누구나 정치적 의사 결정의 과정에 참여하는 민주주의 시대에 완전히 적합한 이론이라고 할 수는 없을 것이다. 그러나 그들이 말한 교회의 역할은 여전히 중요한 의미를 지니고 지침을 준다. 그들은 모두 교회의 존재 의의를 세상에서 찾아볼 수 없는 도덕성에서 찾았다. 그들은 신앙 공동체인 교회는 당연히 도덕성에서 뛰어나야 한다고 진단했다. 아우구스티누스에게 교회는 장차 올 하나님 나라가 어떤 모습일지 세상 나라에 미리 보여주고, 그런 점에서 세상 나라에 방향을 제시할 대안 공동체다. 교회는 정치 행위로가 아니라 그 존재와 삶으로 정치적 메시지를 지닐 수 있어야 한다. 아퀴나스에게 교회는 세상에서 먹고 사느라고 낮은 차원의 도덕을 형성할 수밖에 없는 정치 질서에 대해, 주님을 위해 자기를 비우는 높은 도덕을 실천함으로, 세상을 판단하고 지도하는 영적인 지도력을 발휘하는 곳이어야 한다. 교회의 정치 참여는 이차적인 문제다. 우리나라는 근대사의 격랑과 왜곡 속에서 교회의 정치관 역시 많이 왜곡되어 있는 것 같다. 그리고 세상의 권력 구조와 정치 행태가 그대로 교회에 들어와 있다. 그러면 구원 공동체로서의 교회가 어떤 정치적 의미도 지닐 수 없다는 두 신학자의 이야기이다.

예수는 "여우도 굴이 있고 새도 돌아갈 둥지가 있지만, 인자는 머리 둘 곳이 없다"고 하셨다. 여우도 굴이 있다. 밖에서 사냥하다가 밤이 되면 굴로 돌아가 쉰다. 새는 둥지가 있다. 저녁이 되면 새들이 나무 속 둥지로 돌아와 쉰다. 그러나 인자는 머리 둘 곳이 없다고 했다. 돌아가 쉴 곳이 없다고 예수께서 신세타령하시는 것일까? 아니다. **인자가 머리 둘 곳이 없다는 말씀은, 예수님 자신이 하나님임을 알리는 말이다.** 하나님은 정해진 집이 없고 인간 세상이 모두 하나님의 집이기 때문이다. … 사람 있는 곳 어디나 계시기 위해서, 특정한 거처가 없는 분이 예수이다. 여우도 정해진 집이 있고, 새들도 정해진 집이 있지만, 예수에게는 정해진 집이 없다. 죄인들이 있는 곳이면 어디나 계시기 위해서 정해진 집이 없는 것이다. 아파하는 사람들이 있는 곳이면 어디나 계시기 때문에 정해진 집이 없다. 성자 하나님 곧 이 땅에 오신 하나님의 집은 이 세상이다. **사람 사는 곳이 하나님의 집이다.**

5

교회는 무(無)이다

오늘날 시장 경제가 유일한 생활 방식이 되면서, 모든 것이 상품이 되어 가고 있다. 상품이란 사고파는 물건이므로 반드시 거래의 대상이요 객관적인 가치를 나타내는 화폐로 표시하게 된다. 상품이 되면 얼마짜리가 되는 것이요, 얼마짜리냐에 따라서 그 상품의 우수함과 열등함이 가려지는 것이다. 먹고 입는 것부터 즐기고 노는 것까지, 모든 것이 돈을 주고 사는 것이요, 그러므로 상품의 유통에 의해서 인간의 삶이 형성된다. 그리고 이제 사람 자체도 상품이 되어 가고 있다. 인간의 외모가 상품이 되고 장기가 상품이 되며 인간의 몸에서 나오는 정자나 난자도 상품이 된다. 그리고 인간 복제가 되면 인간의 유전자가 상품이 될 것이다. 그것은 인신매매와 다르지만, 여러 가지 이름을 붙여 결국 사람이 상품이 되는 것을 부추기고 있다. 눈을 돌려 보면 생활 곳곳에서 사람이 상품가치로 평가되는 것을 알 수 있다. 상품가치가 높은 사람이 환영받고 상품가치에 따라 그의 능력이 측정된다. 연예인이나 모델들만 그런 것이 아니다. 예를 들어 교육 현장에서 가르치는 사람들도 상품이 되고 있다. 학생이 소비자가 되고 학교가 교육 공급자가 되면, 교육은 상품이 된다. 소비자들이 좋아하는 상품이 가치가 높듯이 학생들이 좋아하는 교수가 상품가치가 높아진다. 물론 학생들은 그들이 존경하는 교수를 좋아할 수도 있다. 그러나 오늘날 국가가 교육 현장을 보는 기본적인 시각은 시장이론이다. 그렇게 되면 교수와 학생은 과거의 스승과 제자의 관계라기보다는 공급자와 소비자가 된다. 학생들은 돈을 내고 교육이라는 상품을 사게 된다. 그러한 교육 시장에서 가르치는 교수 역시 돈을 받고 교육이라는 상품을 파는 공급자가 되는 것이다.

상품이 되어서는 안 될 것 같은 교육 현장도 그렇게 되고 있고, 병자를 돌보는 의료기관도 그렇게 되고 있다. 병원에 오는 환자는 병원의 수익을 늘리기 위한 돈벌이의 수단이 되기 십상이다. 의사들은 영업 실적을 올려야 하고, 따라서 환자 처지에서 그들을 돌보는 것은 기대하기 어려운 일이다. 교육이나 진료는 여러 가지 직업 가운데 가장 목회와 비슷한 일이다. 약자를 돌보고 치유하는 곳이며, 성장하도록 하는 곳이다. 그런 곳이 시장 질서에 편입된다는 것은 삶의 현장 전체에서 사람이 돈벌이의 수단이 되고 있다는 말이다. 사람이 목적이 되지 않고 수단이 된다.

2

그러면 교회는 어떤가? 세상 모든 것이 상품이 되어도 종교만은 거래 질서에서 벗어나 있어야 한다. 교육이나 의료기관이 시장

질서에 편입되는 것은 그래도 어쩔 수 없는 부분이 있고 때로는 좋은 기능도 있다. 그러나 종교만은 사고파는 것이 되어서는 안 되고, 시장질서가 들어오지 못하는 최후의 보루가 되어야 한다. 세상의 빛과 소금이 된다는 것은 어떤 면에서 세상의 거래 행위가 통하지 않아서 삶의 맛을 내고 지친 영혼에 빛을 비추고 위로하는 곳이라는 의미가 있다. 상품 가치가 없는 사람도 하나님에게는 귀한 사람이라는 것이 교회가 선포할 메시지가 아닌가. 그러나 교회가 경영과 관리의 장소가 되어가면서 교회도 시장 바닥이 되어가고 있다. 오늘날 개신교는 생각 있는 사람들의 외면을 받고, 개신교 목사 집단은 한국 사회에서 가장 신뢰받지 못하는 집단이 되고 있는데, 그것은 결국 교회가 장사를 하고 있다는 인상을 주기 때문이다. 그리고 실제로 인간의 심령을 달래주는 종교상품이 거래되고 있는 곳이 바로 오늘날의 교회인 것 같다. 그것은 어떤 면에서 일단 교회라는 장소와 제도가 들어서면서 필연적으로 생기는 문제인지도 모른다. 건물과 조직이 있으면 생존해야 하고, 생존의 문제가 걸리면 관리와 경영이 가장 중요하게 떠오른다. 교회의 수입이 중요해진다.

그것은 생존하기 어려운 작은 교회에서만 생기는 현상은 아니다. 시장질서는 끊임없이 이윤의 확대와 성장을 부추기는데, 그런 자기 확장의 욕망이 선교라는 이름으로 교회에서 벌어지고 있다. 교회가 커지면 목회자는 성공하는 목회자가 되고, 거기서 여러 가지 반사 이익을 얻는다. 그리고 그 이익이라는 것은 영적인 것이기보다는 물질적인 것이요 육적인 것이다. 자동차가 좋아지고 월급이 올라가는 것만 물질적인 것이 아니다. 큰 교회 담임자라고 하는 영토 확장의 권력 의지도 물질적인 것이다. 궁극적으로는 성공한 목회자라고 하는 자부심 자체가 물질적인 것이다. 도대체 영적인 이득이라는 것은 자기 확장을 통해 이루어지는 것이 아니라 자기를 비움으로써 이루어지는 것이 아닌가. 비우면 비울수록 세상이 들어와 쉴 공간이 마련되는 것인데, 예수의 이름으로 설교하고 선교하는 이들이 자기를 얼마나 비우려고 애쓰는지 모르겠다. 종교 시장에서 또 다른 성공을 이루려고 애쓰는 것은 아닌지. 세상에서 시장질서가 정당화해 준 소유의 욕망이 얼굴만 바꾸어서 종교의 장에서 활개를 치고 있는 것은 아닌지. 그런 것을 보고 세상 사람들은 목사들이 장사를 한다고 한다.

예수님이 예루살렘에 들어가 처음 하신 일이 성전 정화 작업인데, 그것은 기도하는 집이 장사하는 집으로 바뀌었기 때문이라고 성서는 기록하고 있다. "내 아버지의 집으로 장사하는 집을 만들지 말라"(요 2:16). "내 집은 만민이 기도하는 집이라 칭함을 받으리라고 하지 않았느냐, 그런데 너희는 그곳을 강도의 소굴로 만들어 버렸다"(막 11:17). 당시 성전에서 예배가 안 드려졌던 것은 아니다. 거룩한 제사가 치러지고 열심히 기도가 이루어지고 있던 당시 성전을 예수님은 시장 바닥으로 보고 있다. 오늘날 역시 기도 소리 우렁찬 교회들이 기도하는 집이 아니라 장사하는 집은 아닌가. 하나님과 사람 사이에 그리고 목사와 성도들 사이에 욕망의 거래가 이루어지고 있는 곳은 아닌가.

원래 기도하는 집과 장사하는 집은 정반대이어야 할 것이다. 이 세상 살아가는 데 장사와 사업이 필요하고 오늘날 국가 발전에 기업이 늘리는 이윤이 매우 큰 기여를 하지만, 교회는 장사하는 곳이 되어서는 안 된다는 것이 성서의 이야기다. 종교만은 그 영역에서 멀어져 있어야 소유의 구조 속에 얽혀 있는 세상이 그나마 피난처를 얻고, 고달픈 인생들이 생명을 얻고 세상이 좀 새로워질 수 있는 가능성이 생긴다. 세상은 소유의 욕망으로 꽉 차 있지만 교회는 비어 있어야 한다. 교인 없는 교회가 되어야 한다는 말이 아니라 소유의 욕망에서 좀 초월한 모습이 있어야 한다는 말이다. 십자가와 부활이란 인간을 위한 성자 하나님의 죽으심과 다시 사심이요, 십자가에서 부활까지의 삼일, 곧 예수가 무덤에서 죽어 있던 삼일은 창조 당시의 절대 무처럼 모든 것을 새롭게 창조하기 위한 절대 무의 공간이다. 태초에 무(無)로부터 세상을 만드신 하나님이 이제 다시 무로부터 세상을 새롭게 만드신다. 생명은 무로부터 나온다. 그 텅 빔의 무의 공간을 거쳐서 세상은 새롭게 되는 것이다. 마치 정맥이 온 몸의 불순물을 가지고 와서 텅 빈 심장을 통과하면서 걸러진 다음 다시 깨끗한 피가 되어 몸을 돌아 생명을 유지하듯, 교회가 인간 사회의 심장의 역할을 해주어야 하지 않을까. 그런 것을 하라고 교회가 있는 것은 아닐까?

　오늘날 교회는 무의 공간이 아니라 너무나 많은 것으로 꽉 차 있다. 그러면 종교가 세상의 욕망을 재생산하고 오히려 욕심을 정당화하게 된다. 선교의 이름으로 세력을 확장하고, 그리하여 성공한 목회자와 부흥하는 교회가 되는 것이 교회의 핵심에 있다면, 하나님의 집을 장사하는 집으로 만드는 것이 아닐까. 장사하는 마음을 가지고 교회가 운영된다면 그것은 성전 모독이다. 교회가 커져서 좋은 사업을 하면 된다는 생각을 할지 모른다. 그러나 그것은 기업이 열심히 돈을 벌어 소유하고 나중에 그 중의 일부로 공익사업을 하는 것과 뭐가 다른가? 그런 논리를 가지게 되면 교회는 결국 이윤을 극대화하는 기업 정신으로 운영된다. 아마 교회가 갖는 기업 논리를 뒷받침해 주는 것이 그런 무슨 사회사업에 있을지도 모른다. 그러나 교회는 좋은 사업을 위해 세를 불리기보다는, 인간의 영혼의 안식을 위해 빈 공간을 마련하라고 있는 것이 아닐까? 기본적으로 교회는 정신을 주는 곳이 되어야지 자기가 무슨 사업을 하려고 하는 곳이 되어서는 안 된다. 그러면 거기에 붙어먹는 사람들이 많아지고 그 사람들 위에 군림하는 사람들이 생겨서 반드시 권력 기관이 되게 되어 있다. 결국 교회 기업이 되는 것이고 장사하는 집이 된다는 말이다.

3

문제는 그처럼 교회가 장사하는 곳이 되면 사람이 수단이 된다는 데 있다. 문명사에서 볼 때, 오늘날 사람이 수단이 되는 것은 과거와는 좀 다르다. 적어도 신분 질서 속에서 딴 사람을 위해 수단이 되었던 그런 사람들은 없어졌다. 평생 남을 위해 살아야 했던 노예나 노비는 없어진 세상이다. 그러나 인간의 타락한 모습은 언제나 사람을 수단으로 만드는 것으로 나타나는데, 신분 질서가 없어진 오늘날에도 마찬가지다. 옛날과 달리 이제는 모든 사람이 경쟁력 강화의 수단이 되었다. 뭘 위한 경쟁력인지 불분명한 가운데, 경쟁력이 약화되면 죽을 거라는 공포심 속에서 경쟁력 강화를 위해 국가 시스템이 운영되고 옛날보다 훨씬 더 개인은 그러한 시스템에 의해서 움직여지고 있다. 경쟁력이 없으면 안 된다는 것은 어느 정도 사실이다. 경쟁력이 약화되면 당장 실업자가 생길 것이고 다른 나

227

라에 밀릴 것이기 때문이다.

그러나 교회는 좀 다른 것을 봐야 한다. 세계화된 시장질서가 요구하는 것과 하나님이 요구하는 것은 다를 수 있다는 것을 봐야 한다. 그런 상황에서 교회가 자리 잡을 곳은 역시 무다. 앞에서 말한 대로 하나님이 생명을 불어 넣으실 텅 빈 태초의 무의 공간이다. 왜냐하면 오늘날 전 세계에 퍼지고 있는 서구식 시장질서는 철저하게 소유의 구조를 강화하는 것이기 때문이다. 세상이 그렇게 돌아가고 있는 한 그것을 따라가지 않으면 살 수 없겠지만, 교회는 그런 것을 따라가지 않아서 오히려 세상을 살리는 곳이 되어야 한다. 소유의 질서에서는 사람은 수단이 된다. 경쟁력 강화의 수단이요 결국은 돈벌이의 수단이 되고 자본의 수단이 된다. 그런 현상은 단순히 경제 현상에서만 나타나는 것이 아니라 개인의 삶을 형성하는 모든 시스템에 반영되게 되어 있다. 앞에서 말한 대로 교육과 의료가 산업이 되고 심지어 쉬는 것까지 레저 산업이 되고 있는 시대가 아닌가. 모든 것이 산업이 되어간다는 것은 생산자와 소비자의 관계가 되어간다는 것이다. 그러잖아도 인간의 모든 삶이 경제 위주로 돌아가고 있지 않은가. 우리 모두는 소비자가 되고, 돈벌이의 수단이 된다. 우리가 수단이 되는 것이 아니라 돈벌이의 주인이 되면 되지 않느냐고 생각할지 모른다. 또 설령 수단이 되어도 누가 벌든 국가가 그걸 잘 분배해서 가지면 되지 않느냐고 복지국가론을 펼지 모른다. 그러나 소유의 구조에서는 참 자유를 찾을 수 없다는 것이 성서의 가르침이다. 어느 정도의 소유는 필요하지만, 도무지 어느 정도의 소유를 가져야 만족할 것인가. 도대체 국가 총생산이 얼마나 되기 위해서 모두 산업의 역군이 되어야 하는가. 우리는 경쟁력 강화를 위해 태어났는가, 아니면 나를 찾고 주변 사물을 찾아나서 삶의 영광을 보기 위해 태어났는가. 예수나 바울의 가르침에 남과의 싸움에서 이겨 하나님께 영광을 돌리라고 했는가? 아니면 자기와의 싸움에서 이겨 세상에 속하지 않고 세상에서 찾을 수 없는 평화를 찾아 하나님께 영광을 돌리라고 했나.

교회는 항상 당시의 문명을 얼싸 좋다고 받아들이고 그 안에서 우월해지기를 애쓸 것이 아니라, 문명의 죄를 보아야 한다. 그 근본에서 잘못된 방향을 짚어 내야 한다. 영성의 자리는 거기이다. 그래야 세상의 타락, 곧 사람이 수단이 되는 것을 막을 수 있다. 문명을 반대하지 않아도 적어도 긴장 관계를 유지할 줄 알아야 한다. 그러나 유감스럽게 한국 교회는 세상 질서를 앞장서서 따라가는 경향이 있다. 미국이 아무리 기독교 국가라 해도 부강한 나라가 아니라면 우리나라 교회의 모델이 되지 못했을 것이다. 잘산다고 하는 것만큼 모든 것을 정당화하는 것은 없다. 우리는 잘 사는 나라의 체제와 그 체제를 유지하기 위해 벌이는 일들에 대해 우호적이고 닮고 싶어 한다. 결국 힘을 숭배하는 것이다. 교회가 장사하는 집이 되는 데에는 그처럼 힘에 대한 숭배가 깔려 있다. 자기보다 더 힘 있는 자를 숭배하고 자기도 힘 있는 자가 되고 싶어 한다. 십자가를 걸어 놓고 그렇게 한다. 십자가는 하나님의 전능하심이 아니라 하나님의 무능을 보이는 것인데 말이다. 하나님의 무능을 견딜 줄 모르고 항상 전능한 하나님만 찾는 것이 한국 교회의 모습이다. 그것은 힘의 숭배를 가리킨다. 역사는 반복된다. 예수님이 당시의 성전을 보고 개탄하셨는데, 그 예수님의 십자가를 걸어 놓은 교회는 종교의 권력 게임을 다시 벌이고 있다.

4

　　거기서 버림받는 것은 하나님의 사람들이다. 인간의 존
엄성에 대한 의식이 없어지면서, 세상에서 일어나는 인간의 수단화를 막을
논리를 갖기는커녕, 밖에서 통하는 상식적인 인권 의식도 안 통하게 된다.
교회 자체가 인간이 수단이 되는 덕을 보고 있기 때문이다. 그 신학은 이렇
다. 사람을 하나님의 수단으로 만들어 결국 교회의 수단으로 만든다. 하나
님께 영광을 돌려야 한다고 하고 신본주의를 주장한다. 그러면서 사람을
하나님의 수단으로 만든다. 그러면 반드시 사람이 교회의 수단이 되게 되
어 있다. 인본주의의 견제가 없다면, 또는 인본주의와 변증법적인 관계를
용인하지 않는다면, 교회가 좋아하는 이른바 신본주의란 인간을 목적이 아
닌 수단으로 전락시킨다. 하나님이 목적이라는 명제는 신앙인이라면 거부
할 수 없다. 그러나 그것은 인간이 수단이 된다는 이야기와는 다르다. 사람
은 교회의 수단이 될 수 없음은 물론이고 하나님의 수단도 될 수 없다. 이
것은 신학적으로 매우 중요하다.

　성서의 하나님은 사람이 하나님의 수단이 되는 것을 원하실까? 그렇다
면 십자가의 하나님은 어떻게 되는 것일까? 절대 신성의 규율이었던 안식
일 규정을 깨가면서까지 병자를 고치고 제자들을 먹였던 예수님은 어떻게
되는 것인가? 십자가 사건은 바울에 의해 대속적인 사건으로 해석되었는
데, 그렇다면 아들 하나님이 사람을 위해 죽은 것이 아닌가. 무엇을 위해
죽는다는 것은 그것을 목적으로 삼았음을 뜻한다. 그렇다면 사람은 하나님
의 목적이다. 그런데 어떻게 사람을 하나님의 수단으로 만드는가. 우리나

라 교회에서 인본주의를 매우 싫어하지만, 그 결과는 인간의 수단화다. 신본주의는 교회를 위해서는 좋지만 사람을 위해서는 나쁘다. 하나님의 아들 예수는 교회와 사람 중에 누구를 위해 죽으셨나? 실제로 인본주의를 그토록 싫어하는 설교자들의 생각 속에는 신본주의라기 보다는 교회주의가 들어 있다. 그래서 성도들을 교회의 수단으로 만든다. 하나님의 수단이란 실제로는 교회의 수단이 되는 것이요, 종교를 중심으로 인간의 권력 관계를 형성하고 정당화하는 것이다.

성서적으로는 신본주의와 인본주의가 배치되는 것이 아니라고 봐야 한다. 모든 것은 하나님을 위해서 있지만, 그 하나님이 사람을 위해 죽었기 때문에 모든 것은 사람을 위해서 있다. 결국 하나님은 이 세상과 사람을 위해 죽기까지 한 것이다. 인간은 수단이 아니요, 모든 것의 궁극적 목적으로서 존엄한 존재라는 것이 십자가의 선언이 아닌가. 그러므로 하나님 중심을 말하는 만큼 인간 중심을 같이 말해야 한다. 하나님이 목적이라고 설교하는 만큼 결국 모든 것은 인간의 존엄성을 위해서 있다는 것을 같이 말해야 한다. 그 둘이 팽팽히 같이 서지 않으면 안 된다. 인본주의를 싫어하지만, 인본주의가 없었으면 역사 속에서 교회는 아마 더욱 부패했을 것이다. 어쩌면 인간을 생각하는 인본주의는 마지막 때까지 같이 가야 할 동반자인지 모른다. 인본주의 없이 하나님 중심만 강조하면 교회의 문제가 보이지 않는다. 인본주의는 사람이 하나님의 수단이 되는 것을 막고 결과적으로 교회의 수단이 되는 것을 막는다. 이 세상에서 사람이 경쟁력 강화의 수단이 되는 것보다 더 나쁜 것은 사람이 교회의 수단이 되는 것이다. 종교의 타락은 하나님을 더욱 우습게 만드는 것이기 때문이다. 예수님이 무섭게 성전을 청소하고 당시의 종교인들과 충돌한 것도 그 때문이다.

오늘날 사람은 생산을 위한 생산 요소가 되고 있다. 그리고 소비를 위한 소비자가 되고 있다. 경제의 수단이 되고 있다고 봐야 할 것이다. 거대 담론 차원에서도 그렇고 주변의 일상적인 문화를 보더라도 점점 그렇게 되어가고 있다. 그러면서 분명히 물질은 풍요로워졌는데 삶은 각박해져가고 있다. 옛날에 비하면 먹고 입는 것이 분명히 좋아졌는데, 모두 다 사는 게 힘들다고 난리다. 효율성은 늘었는데 점차 여유도 없어지고 너무나 각박해져간다고 한다. 생존 차원의 절대 빈곤은 아닌데, 어디서나 생존경쟁이라고 한다. 그것은 하나님의 귀한 자녀들이 오롯하게 생명과 삶을 피워내지 못하고 뭔가에 이용당하고 있다는 말이다. 생존경쟁 체제에서 인간은 목적으로 대접받기 힘들다. 특별히 누가 나쁘기보다 전체적인 삶의 구조가 그렇게 바뀌고 있다는 이야기다. 목표는 경제 성장이요 인간은 그 목표의 수단이 되고 있다.

교회는 세상의 구조를 그대로 끌고 들어와서 교회 성장에 사람을 이용해서는 안 된다. 경제 성장의 도구가 되는 것보다 더 나쁜 것은, 하나님의 이름을 빌어 사람을 교회 성장의 도구로 만드는 것이다. 교회는, 세상에서 이용당하던 사람들이 소유가 아닌 그 존재 자체로 하나님의 목적임을 깨닫고 존엄성과 자유를 얻는 곳이 되어야 할 것이다. 그러려면 지금까지 한국 교회가 교회 중심주의로 생각했던 것들을 많이 포기해야 할 것이다.

하나님의 성전

성전은 하나님의 집이다. 그런데 예배당뿐 아니라 이 세상도 하나님의 집이라고 할 수 있다. 성서에 따르면 예배당과 세상 그리고 우리의 몸이 모두 성전이다. 예배당은 높으신 하나님 곧 성부의 거처요, 세상은 세상으로 오신 하나님 곧 성자 하나님의 거처요, 우리 몸은 우리 안에 계신 하나님 곧 성령 하나님의 거처이다.

하나님의 성전인 예배당 하늘에 계신 하나님을 위해 따로 구별하여 마련한 거룩한 공간이 예배당(왕상 9:3)이다. 성전에 오면 하늘에 계신 하나님 앞에 서는 마음을 가져야 한다. 다시 말해서, 세상으로부터 성전으로 들어와 인간은 절대 초월자 앞에 선다.

233

하늘에 계신 하나님은 우리가 감히 접할 수 없는 하나님이다. 그래서 열왕기에 보면 솔로몬은 성전을 지어 놓고 이렇게 말했다. "하나님, 하늘 위의 하늘이라도 하나님을 모시기에 부족할 텐데, 어떻게 이곳에 당신이 계시다고 하겠습니까? 당신의 이름을 둔 곳이니 우리가 이곳을 향해 기도할 때 응답하소서."(왕상 8:27~29) 하늘에 계신 하나님은, 하늘 위의 하늘이라도 모시기에 부족한, 그런 하나님을 가리킨다. 이분을 우리는 성부 하나님이라고 할 수 있다. 성부는 절대 초월자를 가리키고, 절대 권능을 가리킨다. 그런 분을 어느 공간에 제한할 수 없어서, 성전을 가리켜 하나님의 '이름을 둔 곳'이라고 했다. 그러므로 성전은 하늘에 계신 성부 하나님 앞에 서는 곳이요, 절대 초월자의 영광 앞에 사람이 머리를 숙이는 곳이다. 각자 주관을 가지고 살던 인간이 성전에 들어와 머리를 숙이는 것이다. 거대한 문명을 일구고 그 속에서 자기를 찾던 인간이, 빈 공간으로 들어와 자신을 낮추고 절대자로부터 자신의 근원을 찾는 공간이 성전이다.

역대하 6장 1절부터 보면 이렇게 말씀한다. "그 때에 솔로몬이 이르되 여호와께서 캄캄한 데 계시겠다 말씀하셨사오나 내가 주를 위하여 거하실 성전을 건축하였사오니 주께서 영원히 계실 처소로소이다." 캄캄한 데 계시겠다는 걸 이리로 모셨다는 이야기다. 재미있는 말이다. 캄캄하다는 것은 우리 눈과 손이 닿지 않는 곳이라는 말이다. 노자는 만물의 근원인 도(道)를 가리켜서 검을 현(玄) 자를 써서 표현했다. 솔로몬이 하나님을 캄캄하다고 말한 것은, 만물의 주님인 하나님은 우리가 들여다볼 수 없는 분이요, 우리 이성으로 알 수 없는 분이라는 말이다. 우리 이성은 감각을 기초로 활동하기 때문에, 캄캄하면 이성이 활동 정지한다. 그런 하나님 앞에서 우리는 무조건 우리 자신을 낮추어야 하는 존재이다. 종교학에서는 그런 경험을 누멘 경험이라고 한다. 현대인에게는 그런 경험이 많지 않다.

현대인은 들여다보는 걸 좋아한다. 알아내려고 그러는 것이다. 현미경을 만들어서 미세한 세포 속까지 들여다본다. 망원경을 만들어서 수만 광년 떨어진 별들까지도 들여다본다. 그렇게 많이 알아서 무엇 하려는 것일까? 사람에게 유익하게 활용하려고 하는 것이다. 독일의 하버마스(J. Habermas, 1929~)가 「이데올로기로서의 기술과 과학」에서 말한 대로 과학에는 기술적 관심이 들어 있다. 그러나 하나님은 그런 인간의 지식으로 포착되는 분이 아니다. 사람에게 활용될 분이 아니다. 그걸 가리켜서 하나님은 캄캄한 데 계시다고 하는 것이다.

성전은 감히 우리가 접할 수 없는 하나님의 이름을 둔 곳이다. 성전에 들어와 우리는 우리의 인식과 지식을 내려놓고, 높은 분을 경배하고 찬양한다. 절대자 앞에서 자신이 상대화되는 누멘적 경험은 우리에게 생명을 줄 것이다. 존재의 근원으로 돌아가 모든 것이 건강해질 것이다.

2

이 세상이 하나님의 집이요, 성전이다. 성자 하나님인 예수 그리스도의 시각에서 보면 하나님의 집은 이 세상이다. 예수님이 계셨던 곳은 성전이 아니라 세상이다. 사람들을 들에서 가르치셨고, 베다니와 예루살렘을 다니셨고, 갈릴리 호수를 건너셨다. 사람들 집을 드나드시고, 잔치 집에도 가시고, 사람들이 슬퍼하는 곳에도 가셨다. 죄인의

235

집에도 가시고, 길 가다가 눈 먼 사람도 고쳐주셨다. 그렇게 보면 이 세상이 하나님의 집이요, 하나님의 전이다. 사람 사는 곳이면 어디나 하나님의 집이요, 사람들 다니는 길도 하나님의 집이요, 사람들이 논쟁을 벌이는 곳도 하나님의 집이요, 환자들이 있는 곳도 하나님의 집이요, 죄가 벌어지는 현장도 하나님의 집이다. 모든 게 다 하나님의 집 안에서 일어나는 일이다. 예배당 밖, 이 세상이 하나님의 집이요, 성전이다.

흔히 성전이라면 말씀이 선포되고 성례전이 이루어지는 곳을 가리킨다. 하나님의 말씀이 전달되는 곳이 성전이라면, 예수께서 말씀을 전하신 곳은 갈릴리 호숫가요, 들이다. 그렇다면 들판이 교회요, 성전이다. 성만찬이 이루어지는 곳이 성전이라면, 예수께서 성만찬을 하신 곳은 어디인가. 예수께서 하늘을 우러러 축사하시고 빵을 나누어 주신 곳은 어디인가. 들판이다. 사람들이 모인 들판에서 오병이어의 기적으로 그들을 먹이셨다. 그러므로 사람들이 모여 있던 그 들판이 성전이다. 예수님이 말씀을 전하고 성만찬을 베푼 곳은 모두 성전 안이 아니라, 성전 밖 세상 한가운데였다. 세상이 하나님의 집이요, 세상이 성전인 것이다.

요한의 제자 두 명이 예수님을 따라왔다. 선생님 머무시는 곳이 어디냐고 물었다. 그 물음에 대해 예수께서는 "여우도 굴이 있고 새도 돌아갈 둥지가 있지만, 인자는 머리 둘 곳이 없다"고 하셨다. 여우도 굴이 있다. 밖에서 사냥하다가 밤이 되면 굴로 돌아가 쉰다. 새는 둥지가 있다. 저녁이 되면 새들이 나무 속 둥지로 돌아와 쉰다. 그러나 인자는 머리 둘 곳이 없다고 했다. 돌아가 쉴 곳이 없다고 예수께서 신세타령하시는 것일까? 아니다. 인자가 머리 둘 곳이 없다는 말씀은, 예수님 자신이 하나님임을 알리는 말이다. 하나님은 정해진 집이 없고 인간 세상이 모두 하나님의 집이기 때문이다. 하나님은 하나이신 님이요, 하나는 보편적 존재를 가리킨다. 어디에서나 활동하는 게 보편이다.

사람 있는 곳 어디나 계시기 위해서, 특정한 거처가 없는 분이 예수이다. 여우도 정해진 집이 있고, 새들도 정해진 집이 있지만, 예수에게는 정해진 집이 없다. 죄인들이 있는 곳이면 어디나 계시기 위해서 정해진 집이 없는 것이다. 아파하는 사람들이 있는 곳이면 어디나 계시기 때문에 정해진 집이 없다. 성자 하나님, 곧 이 땅에 오신 하나님의 집은 이 세상이다. 사람 사는 곳이 하나님의 집이다. 중세에는 하늘로 승천한 예수님을 많이 이야기했다. 그러면 삼위일체가 약화되고 성부가 강조된다. 그렇게 되면 권위주의가 강화되고 사람은 위의 하늘나라만 바라본다. 그러나 루터의 종교개혁은 십자가의 예수를 강조했다. 골고다 언덕의 십자가는 이 땅에서 영원하다. 십자가의 하나님이 계시는 곳은 영원히 세상이다. 종교개혁으로 서양은 이 땅에서 이루어질 하나님의 나라에 관심을 갖기 시작한다. 그러면서 권위주의 사회는 민주사회로 바뀌게 되었다. 기독교인은 주일에 특별한 곳인 예배당으로 가지만, 평상시에 살고 일하는 이 세상도 하나님의 집이요, 성전으로 생각하여야 한다.

3

우리 자신이 하나님의 집이다. 성전은 우리 자신이다. 성령은 우리 안에 계신다. 우리 안에서 우리의 영을 움직이시는 하나님이 성령 하나님이다. 성령 하나님은 우리 안에 계시므로, 우리 몸이 곧 하나님의 성전이다.

신약성서에는 우리 몸을 하나님의 성전으로 보는 관점이 많이 있다. 사도 바울은 고린도전서 3장 16절에서 말한다. "너희는 너희가 하나님의 성전인 것과 하나님의 성령이 너희 안에 계시는 것을 알지 못하느냐." 그리고 고린도전서 6장 19절에서 말한다. "너희 몸은 너희가 하나님께로부터 받은 바 너희 가운데 계신 성령의 전인 줄을 알지 못하느냐. 너희는 너희 자신의 것이 아니라." 에베소서에 보면, 그리스도인을 건물로 표현한다. "모퉁이 돌이 되신 그리스도 예수 안에서 건물마다 서로 연결하여 주 안에서 성전이 되어가고, 하나님이 거하실 처소가 되기 위하여 그리스도 예수 안에서 함께 지어져 가느니라."(엡 2:22)

그러니까 하나님이 거하실 집은 세 가지 공간이다. 첫 번째는 주일에 찾아가 안기는 예배당이다. 그리고 두 번째는 세상이라는 공간이다. 그리고 세 번째 성전은 우리 자신이요, 우리 몸이 하나님의 거처이다. 우리 몸은 살과 뼈로 이루어져 있지만, 그러나 마음을 담고 있는데, 그 마음이 하나님의 집이다. 우리 마음에 하나님이 거하시니 우리 마음을 잘 청소해야 한다. 성소처럼 가꾸고 쓸고 닦아야 한다. 몸이라는 공간은 우리 마음 때문에 하나님의 거처가 되고, 하나님의 성전이 되는 것이다. 우리는 우리 마음 안에

촛불을 켜고 마음 안에 앉아 하나님을 경배하고 예배할 수 있다. 우리가 조용히 마음속에 불을 밝히고 내면에서 하나님을 경배할 수 있다.

우리는 우리 안에 하나님을 모신 존재이다. 그러므로 사도 바울이 말한 대로 우리 몸을 함부로 굴리면 안 된다. 뿐만 아니라, 우리 몸을 예배당으로 생각하고, 우리 내면에서 말씀하시는 하나님의 소리를 들어야 한다. 예수께서는 사람들을 피해서 종종 산으로 올라가 기도하셨다. 우리는 밖에서 들리는 소리들을 피해서 종종 내 안에서 말씀하시는 하나님의 소리를 들어야 한다.

교회를 성도의 교통이라고 정의할 수도 있는데, 그렇다면 위의 세 가지 교회론에서 성도의 교통은 어떻게 이루어지는가? 예배당인 교회에서는 성부인 한 아버지 밑에서 다른 성도들과 형제자매로 성도의 교통이 이루어진다. 그리고 세상인 교회에서는 일반 사람들과 교통이 이루어진다. 성자 하나님이 수난당하고 영광을 받은 세상에서 죄인들 사이에 이루어지는 교통이다. 성도의 교통이라고 할 수 없지만 사회윤리적인 차원에서 교통이 이루어져야 한다. 교회에서 이루어진 성도의 교통이 사회적으로 확대된 것이요, 신학이 윤리학으로 전환되는 곳이 세상인 교회라고 할 수 있다. 그리고 내 몸인 교회에서는 내 안에서 하나님과 교통하며 만인과 교통한다. 만인은 성도가 아니지만, 성령의 작용으로 나의 교통의 상대가 된다. 만인은 보편적 인간으로서 내 자신이 성도가 되기 위해 교통해야 하는 상대이다.

정리하면 이렇다. 하나님의 집, 곧 성전에는 세 종류의 공간이 있다. 첫째는 교회가 하나님의 집이다. 교회에 와서 하늘에 계신 성부 하나님의 영광을 경험하고 우리를 낮춘다. 두 번째, 이 세상이라는 공간도 하나님의 집이다. 성자 하나님이 사람 사는 곳에 함께하시면서, 세상은 하나님의 거처요, 성전이 되었다. 교회에 일주일에 한 번밖에 안 오지만, 어딜 가든 하나님의 성전 안에 있다고 생각하며 살아야 한다. 그리고 마지막으로 우리 몸이 하나님의 성전이다. 자기를 향해 서서 자기 안에서 말씀하시는 하나님을 예배해야 한다. 교회와 세상과 우리 몸은 성부와 성자와 성령의 거처가 된다.

한국 교회,
인문주의에서 배운다

초판 1쇄 2014년 3월 4일

양명수 지음

발 행 인 전용재
편 집 인 손인선

펴 낸 곳 도서출판 kmc
등록번호 제2-1607호
등록일자 1993년 9월 4일

(110-730) 서울특별시 종로구 세종대로 149 감리회관 16층
(재)기독교대한감리회 출판국
TEL. 02-399-2008 FAX. 02-399-4365
http://www.kmcmall.co.kr

인   쇄 리더스커뮤니케이션

ISBN 978-89-8430-636-3 93230

값 10,000원

이 도서의 국립중앙도서관 출판시도서목록(CIP)은 서지정보유통지원시스템 홈페이지(http://seoji.nl.go.kr)와
국가자료공동목록시스템(http://www.nl.go.kr/kolisnet)에서 이용하실 수 있습니다.(CIP제어번호: CIP2014005490)